Internet marketing LIFESTYLE

LA GUIDA STEB-BY-STEP CHE TI RIVELA COME ARRIVARE ALLA LIBERTA' FINANZIARIA CON INTERNET

Internet Marketing Lifestyle

Guida step-by-step che ti rivela come

Arrivare alla libertà finanziaria con Internet

- Crea la tua Nuova Attività Digitale -

<u>Volume II</u>

a cura di Stefano Grande

Tutti i diritti riservati

Note legali

Le strategie riportate in questo manuale sono il frutto di anni di studi quindi non è garantito il raggiungimento dei medesimi risultati.

L'autore si riserva il diritto di aggiornare o modificarne il contenuto in base a nuove condizioni. Questo documento ha solo ed esclusivamente scopo informativo e l'autore non si assume nessuna responsabilità dell'uso improprio di queste informazioni.

Capitoli

Capitolo 1

Modello di Internet Business: **Infoprodotti**

Tra tutti i modelli di business online che oggi funzionano in rete, il più semplice e redditizio è quello della vendita di PRODOTTI DIGITALI.

All'interno dell'ampia categoria dei prodotti digitali oggi sta esplodendo la vendita degli INFOPRODOTTI.

Ma cosa sono questi Infoprodotti e come funziona la loro vendita?

Gli INFOPRODOTTI sono semplicemente dei prodotti che contengono informazioni pratiche che hanno l'obiettivo specifico di:

- Insegnare a fare qualcosa di nuovo;
- Insegnano a migliorare qualcosa che già sai fare;
- Aiutano a risolvere un problema (come dimagrire, come.....)

Il concetto chiave è trasmettere le proprie conoscenze tecniche e pratiche, i trucchi e i segreti che ci hanno resi vincenti nella nostra attività, materia, passione con l'obiettivo di poter essere replicati con successo.

Proviamo a fare qualche esempio concreto.

Sei un professionista o un esperto di qualche materia, ad esempio un commercialista, un'estetista, un massaggiatore, un parrucchiere, etc. allora potresti scrivere una guida con tutti i tuoi consigli pratici;

Sei appassionato di giardinaggio, di cavalli, di cani, di tennis, di computer, di giochi, etc. bene, scrivi un ebook per trasmettere la tua competenza in queste materie.

L'obiettivo di chi cerca informazioni è quello di riuscire a fare un qualcosa in tempi brevi evitando, se possibile di commettere errori.

Gli Infoprodotti si presentano generalmente sotto forma di prodotto digitale come un **e-book, un videocorso, un prodotto audio**, etc. ma possono benissimo essere affiancati anche dalla versione tradizionale cartacea, cd, dvd.

Prima di tutto iniziamo a definire l'area/materia nella quale vuoi operare: si può partire da una propria passione o competenza (ballo, animali, salute, computer etc.) oppure puoi individuare un ambito che ti interessa o che pensi possa avere interesse nel pubblico.

Ricordati sempre che bisogna delimitare l'area di intervento, le cose generaliste non funzionano, devi lavorare sulle nicchie molto specifiche, addirittura le micro nicchie; più risulti esperto di una determinata materia e più sarai credibile.

Quindi individua un problema, un'esigenza un informazione particolare che la gente vuole assolutamente sapere. Cerca di risolvere un problema che li affligge da tempo. Estrapola un pezzetto di queste informazioni e confezionalo in un mini Ebook (10-12 pagine vanno bene) e offrilo gratuitamente ai tuoi utenti. In cambio chiedi loro nome ed indirizzo e-mail in modo da creare delle liste di nominativi;

A tutte le persone inserite nella lista andrai poi a proporre subito un'offerta eccezionale "una tantum" di solito un prodotto di alto valore a prezzo super scontato, praticamente un prezzo stracciato. L'obiettivo è di far percepire al cliente che è un'offerta esclusiva e riservata.

I punti di forza di questo Modello di Business si possono riassumere nei 3 seguenti:

1) Costruisci di una LISTA di utenti targhettizzati;
2) Farai SOLDI velocemente
3) Crei un SISTEMA di vendita. Una volta che gli iscritti alla tua lista iniziano a conoscerti e ad apprezzare i tuoi contenuti dovrai proporre loro i tuoi prodotti trasformandoli in clienti paganti.

Questo modello di business è potentissimo e ti porta ad ottenere dei risultati incredibili in qualsiasi attività on line.
Basta applicare la giusta strategia, che a breve ti illustrerò.

Regola fondamentale da tenere bene a mente è che, in qualunque nicchia tu scelga di entrare, non basta avere un solo prodotto da mettere in vendita, ma devi creare il prima possibile una vera e propria collana di

Infoprodotti in modo da completare al 100% la sfera di conoscenza riguardo la tua nicchia o sottonicchia.

Devi cercare di sviluppare a fondo ogni minima sfaccettatura del tuo campo.

Per avere successo e guadagnare in maniera duratura con la vendita online di Infoprodotti devi avere più cartucce da sparare: quindi più prodotti da proporre per completare l'offerta ma seguendo uno specifico schema di vendita che ora voglio mostrarti:

- Offerta d'ingresso – prodotto a basso costo
- Offerta continuativa – prodotto a basso costo offerto mensilmente
- Offerta Premium – prodotto ad alto costo

Il perfetto intreccio di questi 3 tipologie di Infoprodotti ti consentirà di creare un business di successo che sia anche duraturo nel tempo.

Infoprodotti d'ingresso di fascia bassa: Crea Lead e Fiducia

L'offerta d'ingresso serve per vendere Infoprodotti alla tua clientela in una fase iniziale quando non può essere ancora definita come una clientela completamente fidelizzata.

Caratteristica di questi Infoprodotti è quella di essere a basso costo, da collocare nella fascia di prezzo compreso tra i 7 e i 27 euro; obiettivo con questi prodotti è quello di farsi conoscere meglio dai clienti e di farsi apprezzare per i contenuti. Solo in questo modo sarà possibile creare un rapporto di fiducia con i clienti per poterli poi trasformare in clienti abituali.

Precisiamo subito, con questi prodotti non diventerai ricco ma saranno il miglior investimento che tu possa fare per acquisire credibilità e notorietà sul tuo pubblico.

Quindi non considerarli come un modo per fare profitto veloce, anche se di fatto lo possono anche essere, ma considerali principalmente come generatori di lead, di potenziali clienti e come mezzo per generare risorse da investire in pubblicità per gli altri tuoi prodotti a valore aggiunto.

All'inizio ti serviranno per fare promozione in modo propedeutico a dei prodotti più importanti di seconda e terza fascia.

Offerta continuativa di fascia media: Crea profitti stabili

L'offerta continuativa o ricorrente è sempre un'offerta di Infoprodotti a basso costo ma si caratterizza per il fatto di essere proposta con continuità periodica (prodotti che vengono pagati in maniera rateizzata): parlo in pratica degli abbonamenti, ovvero quote fisse che i tuoi clienti pagheranno ogni settimana/mese/anno. Si può trattare di un prodotto o anche di un servizio: pensiamo a corsi di training, abbonamenti per accesso ad aree riservate e così via.

L'offerta continuativa si va a collocare nella fascia di prezzo che va dai 37 ai 197 euro (dipende sempre dalla natura del prodotto o servizio offerto) ed essa trasforma il cliente ordinario in un vero e proprio cliente fidelizzato.

Inoltre, c'è da dire che la scelta di un'offerta continuativa potrebbe andare a costituire il vero fondamento del tuo business in quanto è quella che in genere garantisce stabilità di entrate.

Se impostata nel modo corretto, ti sarà anche molto utile per la promozione delle offerte premium che ora andremo a vedere.

Offerta premium di fascia alta

L'offerta premium infine è quella della fascia più alta, con il costo più alto: si tratta di Infoprodotti, tra i più esclusivi, quelli che vengono chiamati di punta, che venderai a prezzi molto elevati. Con questi Infoprodotti potrai raggiungere il tuo l'obiettivo di crearti una rendita on line o di guadagnare bene con internet.

In genere il prezzo va dai 197-297 euro in su. Come vedi gli importi iniziano a salire molto bene. Ricordati che riuscirai ad avere clienti in questa fascia solo se avrai giocato ottimamente le carte nelle prime due.

Qui non importa il numero dei clienti, bastano anche pochi acquirenti per darti quelle soddisfazioni economiche che stai cercando.

Come utilizzare le tre tipologie di Infoprodotti?

Il segreto in un buon guadagno online risiede nel perfetto mix di tutti e tre i tipi di Infoprodotti che abbiamo appena visto:

- Offerta d'ingresso – prodotto a basso costo
- Offerta continuativa – prodotto a basso costo offerto mensilmente
- Offerta Premium – prodotto ad alto costo

Purtroppo il 90% delle persone si ferma subito all'offerta d'ingresso generando pochi guadagni. Di conseguenza diventa difficile poter raggiungere i profitti immaginati o sperati, e quindi subentra lo sconforto e poi la perdita d'interesse per questo metodo di guadagno.

In altri casi, addirittura, le persone saltano le prime due fasi concentrandosi direttamente per mesi o anni su Infoprodotti di fascia più alta senza però mai riuscire a partire.

E' chiaro che entrambi gli atteggiamenti siano fallimentari e non mi sorprende come tanti non riescano a sfondare nonostante le ottime aspettative.

Quindi avere più Infoprodotti appartenenti alla stessa nicchia è sempre la scelta migliore. Anche se all'inizio non vedi risultati immediati, tieni presente che anche se non parte subito puoi sempre correggere il tiro con un altro prodotto in cui avrai maturato qualche esperienza.

Trova una Nicchia di Mercato

Prima di partire devi programmare una strategia con la quale vuoi creare e impostare i tuoi Infoprodotti. Prima di decidere comunque, quale fa al caso tuo, io ti consiglio di trovare prima un tuo target di riferimento, persone che facciano parte della tua nicchia di mercato specifica sulla quale tu hai le tue passioni, conoscenze, qualcosa da insegnare. Una volta appurato questo, devi vedere se ci sono attualmente in vendita già dei prodotti su internet riguardanti questi argomenti e iniziare a vedere cosa offrono. Il tuo compito ora è scandagliare cosa c'è già per trovare qualche lacuna nella concorrenza e studiare un prodotto ad hoc per colmarla, qualcosa di veramente eccezionale, che faccia la differenza.

Ma partiamo dall'inizio, vediamo il tuo livello di conoscenza. Ti faccio un esempio: se hai lavorato come fotografo professionista negli ultimi 20 anni ed hai in mente di creare un corso che spieghi passo passo le tecniche migliori per imparare a fotografare in maniera perfetta, naturalmente creare un prodotto in questa nicchia di mercato è la cosa migliore.

Questo è un esempio che si può applicare veramente a tutti gli ambiti lavorativi, ad esempio se hai lavorato come insegnante di lingua inglese, come personal coach in palestra, formatore, ecc... sono tutte opportunità per trasferire le tue conoscenze in Infoprodotti e questo vale anche per quanto riguarda i tuoi hobby o interessi personali.

Se ad esempio ti piacciono i cani e per hobby li hai addestrati, una nicchia interessante potrebbe essere proprio quella del "come addestrare un cane".
Il secondo passo, in entrambi i casi è quello di fare prima una ricerca di mercato, valutare gli argomenti o potenziali mercati ad alto interesse e vedere se c'è concorrenza per quanto riguarda Infoprodotti già esistenti. Ovviamente meglio se è bassa, avrai la possibilità di entrare da Leader.

La ricerca di mercato è spesso vista come una fase critica da parte di chi si avvicina al molto dell'InfoMarketing, ma in realtà non è molto complicata, soprattutto se utilizzi gli strumenti adatti.

Una volta che hai il tuo mercato, devi creare il prodotto!

Anche se forse avrai già visto in giro ogni tipologia di corsi web con video, strumenti, manuali e tanto altro ancora … la realtà è che per la maggior parte delle nicchie di mercato si può iniziare con un semplice eBook in formato PDF.

Come scrivere un manuale Ebook.

Dopo aver analizzato il mercato, valutato la concorrenza e scelto un argomento interessante che sarà vincente sei pronto a scrivere il tuo primo infoprodotto. Partiamo con il più semplice: un ebook.

Che ci credi o no, la pagina bianca è l'ostacolo più grande per la tua creatività. Che tu sia uno scrittore esperto, o un novellino, riversare su quella prima pagina i tuoi pensieri e le tue idee è spesso il passo più frustrante di tutto il percorso di creazione di un best-seller.

Ma c'è un metodo semplice che eliminerà il blocco dello scrittore rendendo non solo più facile ma anche più veloce la stesura del tuo ebook.

Creazione di una struttura organizzata per il tuo libro.

E' molto difficile sedersi al computer ed iniziare a scrivere senza avere una mappa mentale del progetto che ti guiderà dall'inizio alla fine.
E' come vagare in un labirinto tornando indietro ogni volta che si finisce in un vicolo cieco nella speranza di trovare l'uscita.

Scrivere un ebook richiede struttura.

Se non dai una struttura al tuo libro, finirai per sprecare un sacco di tempo prezioso revisionando, riorganizzando e persino riscrivendo lunghi paragrafi nel disperato tentativo di ficcarci tutti gli argomenti che hai in testa o per migliorarne la fluidità ed armonia generale.

Vuoi regalare ai tuoi lettori una piacevole esperienza, a prescindere dall'argomento che tratti, inoltre vuoi anche incoraggiarli ad acquistare gli ebook che pubblicherai in futuro.

Vuoi che comprendano il valore del tuo prodotto, che capiscano come possa essere loro d'aiuto.

Vuoi soddisfare la loro sete di conoscenza e il libro deve fare da ponte, da connessione fra te ed il lettore che è, in via definitiva, il tuo cliente.

Quindi, come si può creare un prodotto vincente che si rivolga al grande pubblico, la cui stesura sia però la più veloce e facile possibile?

È necessario iniziare con la creazione di uno schema che ti aiuterà a rimanere concentrati sull'obiettivo. Ecco una guida passo-passo per la creazione di un prodotto vincente in metà tempo.

Processo di ricerca "facile&veloce".

Fase 1: considerare che cosa vuole il pubblico.
Ci sono mille modi diversi di presentare le stesse informazioni, così come ci sono centinaia di questioni diverse che devono essere risolte all'interno di ogni settore.

Il tuo obiettivo è quello di trovare le più comuni e darne risposta nel libro. Questo è l'errore più comune in cui la maggior parte dei nuovi scrittori cade: cercare di creare un ebook che approfondisca a 360° l'argomento trattato.
Cerca di essere realistico con i tuoi obiettivi: non sarai mai in grado di trattare tutto quello che c'è da sapere su di un dato argomento in un solo ebook; se ci proverai il lavoro sarà frustrante e non lo porterai mai a termine.

Al contrario è necessario annotare gli argomenti più importanti. Pensate alle domande che si pongono le persone che sono alla disperata ricerca di informazioni.

***Quali sono le cose più importanti da sapere?
***Quali sono le prime 15 domande più frequenti?
***Quali sono le questioni a cui la vostra concorrenza non ha dato risposta?

Avrai bisogno di fare un po' di ricerca per poter capire come relazionarti col tuo pubblico affrontando direttamente le questioni che lo interessano. Bisogna spendere un po' di tempo nel lavoro di ricerca. E' importante conoscere tutto dell'argomento e soprattutto gli interrogativi che i lettori si pongono al riguardo.

Un buon metodo è quello di navigare sul web attraverso forum e community inerenti l'argomento, leggerne le discussioni, prendere appunti sugli aspetti più salienti.

Il primo passo nella creazione della struttura del tuo libro è una solida ricerca di mercato. E' necessario conoscere ciò che interessa alla gente così da poter tracciare una linea guida coerente nella stesura del tuo ebook.

Fase 2: Creare una bozza

Dopo aver raccolto sufficienti informazioni sul tuo soggetto, così da possedere una profonda conoscenza in merito a ciò che interessa al tuo pubblico, dovrai scremare le nozioni superflue e non necessarie.

Non sbarazzarti di nessuna delle tue idee anche se pensi di non usarle mai!

Sarà possibile utilizzare queste informazioni aggiuntive per creare ulteriori aggiornamenti e nuovi capitoli in un secondo momento, permettendoti di risparmiare tempo nella ricerca di nuovo materiale. Per ora, il tuo obiettivo è quello di creare un elenco delle domande più frequenti che vengono poste nel tuo argomento principe.

Supponiamo, ad esempio, che io voglia scrivere un manuale "Come trovare un lavoro da casa". Dopo aver analizzato il mio mercato, scopro che solo alcune persone sono interessate a trovare impiego offerto dalle aziende di telelavoro, mentre la maggior parte è interessata a posizioni con un alto grado di flessibilità, dove possa lavorare come libero professionista piuttosto che da dipendente tradizionale.

Questo cambierà radicalmente il taglio del mio libro poiché dovrò discutere su come preparare, trovare ed assicurare una posizione da libero professionista, invece che spiegare alle persone come porsi per farsi assumere a tempo pieno.

Stesso settore, argomento simile = diverso taglio.
E' necessaria una conoscenza dettagliata dell'argomento per focalizzarsi sugli aspetti più importanti.

Una volta completato il progetto iniziale, sarà possibile espandere il campo di interesse del libro, ma nelle fasi iniziali è impossibile creare una solida base se non si padroneggia la tematica.

Per ogni capitolo del tuo libro dovrai creare un file di testo che contenga 8-10 domande, queste serviranno da schema di base per lo sviluppo del testo.

Salvati questi file in una cartella sul tuo desktop e rinominateli come:
 "Capitolo_1: domande a cui rispondere",
 "Capitolo_2: domande a cui rispondere", e così via.

Questi file possono includere ulteriori informazioni, ricerche ed idee che vorrete inserire nel tuo libro.

Fase 3: Creare titoli per ogni capitolo

Apri il tuo programma di videoscrittura ed inizia a scrivere i possibili titoli per i capitoli del tuo ebook, iniziando dall'introduzione e finendo con una pagina di conclusione.
In questo momento non stai scrivendo il contenuto effettivo del libro ma solo creando una cornice dentro la quale si svilupperà l'ebook.
Non essere rigido in questo passaggio! È possibile inserire ulteriori capitoli qualora si presentino nuove idee utili ed importanti.

Per ora è sufficiente scrivere i titoli dei capitoli che definiscono ciascuna sezione. Il tuo pubblico apprezzerà le varie fasi che avete compiuto per creare un ebook fluido, facile da leggere e da capire.

I lettori desiderano che ogni capitolo sia incentrato su un argomento specifico e che i titoli esplichino in modo univoco il contenuto.

I titoli dei capitoli sono importanti anche per aiutare quei lettori che, non avendo molto tempo da dedicare all'intero libro, vogliono concentrarsi solo sugli argomenti di loro interesse.

Fase 4: Creare un sommario

Ora si inizierà a vedere lo scheletro del tuo ebook. Uno dei più grandi errori che la maggior parte degli scrittori fa è di cominciare a scrivere un capitolo senza sapere esattamente di cosa tratti.

Devi essere sicuro che ciascun capitolo abbia una finalità e devi sapere esattamente quale sia prima di mettervi all'opera.

Introduzione

Il tuo capitolo introduttivo deve essere un gancio che catturerà l'attenzione del lettore. Dovrai creare aspettativa e renderlo entusiasta delle informazioni che leggerà, garantirgli che vi troverà informazioni utili per risolvere i suoi problemi.

Quando vi dedicate alla vendita di libri digitali, come del resto state facendo, è possibile anche inserire nella vostra introduzione dei validi motivi per aver acquistato l'ebook, dissipando così nei lettori ogni eventuale rimorso per la spesa sostenuta, rassicurandoli di aver fatto una buona scelta e sottolineando le buone intenzioni dell'autore.

Non sottovalutate l'importanza di una solida introduzione. E' il biglietto da visita per l'intero ebook, serve a creare feeling con il lettore e guidarlo verso il primo capitolo.

Capitolo 1: Perché i freelancers falliscono.

Dalla mia ricerca ho scoperto che moltissimi nuovi liberi professionisti sono preoccupati per il numero di lavori disponibili ed il motivo per cui così tanti di loro non sono in grado di garantire il lavoro. Vogliono sapere dove la gente sta sbagliando in modo da evitare di commettere gli stessi errori.

La domanda è: "Perché così tanti liberi professionisti faticano a trovare lavoro?". Nel mio primo capitolo, "Perché i freelancers falliscono", risponderò a questa domanda, fornendo una panoramica degli errori più comuni che i nuovi professionisti commettono.

Capitolo 2: Preparatevi per il successo

Questo capitolo continua dove finisce il Capitolo 1.

Nel primo capitolo si discute degli errori più comuni commessi dai chi si affaccia per la prima volta alla libera professione; nel capitolo 2 "Preparatevi per il successo" si spiega in maniera esaustiva al lettore ciò che deve fare per massimizzare le possibilità di aver successo, rispondendo direttamente ad una delle domande più comuni sul mercato.

Capitolo 3: Opportunità di guadagno sul web.

Ho scoperto che la maggior parte dei miei potenziali clienti è interessata ad una guida "passo passo" che conduca loro attraverso i diversi siti di lavoro online e di telelavoro. Il terzo capitolo del mio manuale risponde a questa domanda, fornendo ai miei lettori una panoramica dettagliata dei lavori più redditizi e delle opportunità online.

Potrei poi espandere questa sezione in modo da includere dei sotto-capitoli focalizzati su specifici lavori:

(Esempio: virtual assistant, lavori di scrittura, lavori di design, ecc)

Capitolo 4: 10 cose che ogni Freelancer deve sapere

Questo genere di capitoli è molto facile da scrivere. Tutto quello che bisogna fare è compilare un elenco delle domande più frequenti e darne risposta.

Suggerisco di non concentrarsi sulle questioni più comuni, poiché meritano un capitolo a parte, e di utilizzare invece il resto delle domande per creare una sezione che fornisca informazioni su vari aspetti dell'argomento.

Per quanto riguarda il mio libro, ad esempio, so che una porzione piccola del mio parco clienti è interessata a creare un sito web con il proprio campionario, mentre altre persone vogliono capire come rispondere al meglio alle offerte di lavoro.

Ci sono questioni alle quali è difficile dedicare un intero capitolo, ma con la stesura di una sezione che le raccolga e le analizzi si può soddisfare quella piccola fetta di lettori interessati in modo specifico.

Questo è un ottimo modo per conferire maggior valore al tuo ebook senza rimanere invischiati nella stesura di pagine su pagine che giustifichino l'esistenza di interi capitoli.

Capitolo 5: Creare la propria clientela.

Una delle questioni più scottanti nel mercato freelance è proprio come costruire una base di clienti, quindi le ho dedicato un intero capitolo nel mio libro.

Ricordate, ogni capitolo deve rispondere in modo diretto ad una esigenza specifica della maggioranza del tuo target. Questo è il modo più semplice per creare best-seller.

Capitolo 6: Massimo risultato con il minimo sforzo.

Poiché so che molti freelancers lottano per gestire efficacemente il proprio tempo, ho deciso di scrivere un capitolo sulla gestione del tempo esclusivamente per i liberi professionisti.

Il tuo libro ha bisogno di un inizio, di un corpo e di una fine. Per scriverne i titoli e il sommario dovrai costruirti uno schema funzionale che ti aiuterà ad essere più veloce e nello stesso tempo a soddisfare le esigenze dei tuoi acquirenti.

Prima di iniziare il prossimo capitolo, assicurati di aver scritto i tuoi titoli ed il sommario.

Impaginare il tuo Ebook

La maggior parte della gente pensa che si impagini il libro dopo averlo scritto. Sbagliato.

Gli scrittori abili impostano il layout mentre scrivono.

Una volta terminato l'ultimo capitolo, per assicurarsi di aver messo tutti i puntini sulle "i", al momento della rilettura, il libro dovrebbe già avere l'impaginazione ed il layout finale.

Per chi scrive per la prima volta è necessario evitare di far trasparire troppe cose di sé, questo è un errore molto comune.

Sebbene le ricerche siano un ottimo metodo per dimostrare che il tuo materiale è autentico, attendibile ed accurato, dovrai tuttavia fare del tuo meglio per rimuovere tali studi dal libro evitando di concentrarti eccessivamente su di loro.

Se ritieni che sia importante raccontare una storia personale, cerca di coinvolgere i tuoi lettori per quanto possibile.

Esempi:

"Se è capitato anche a te...."

"Anche tu, come me, probabilmente avete sperimentato questo ..."

I tuoi lettori desiderano che vi rivolgiate direttamente a loro, non gradiscono leggere una storia che li escluda e che li allontani dall'argomento trattato.

Incipit del capitolo: i benefici della lettura.

All'inizio di ogni capitolo cerca di creare un contatto diretto con il lettore, con un incipit forte che attragga la sua attenzione.

Ogni capitolo è dedicato ad una esigenza specifica con sotto-capitoli riguardanti altre questioni importanti ma che non sono il cardine del paragrafo.

Anche tu vuoi iniziare ogni capitolo con un aggancio solido che catturi l'attenzione del lettore e lo invogli a leggere.

Il tuo compito è di mantenere alto l'interesse dall'inizio alla fine.

Questo può essere fatto con una domanda provocatoria, con una dichiarazione forte, una statistica scioccante, oppure descrivendo loro che cosa potranno fare o diventare grazie al tuo libro: una sorta di immagine mentale che li motivi e li sproni alla lettura.

Esempio: "In soli 5 giorni a partire da oggi, sarete costretti a cambiare il tuo numero di telefono per le troppe telefonate" (introduzione di una guida per online sulla seduzione).

Ogni incipit conduce il lettore sempre più a fondo nel capitolo, e rende più facile il passaggio da una sezione all'altra del tuo ebook. Questo è particolarmente importante se nel tuo libro cambia la linea di argomentazione.

Solitamente la parte introduttiva di ogni capitolo non porta via più di un paio di paragrafi o al massimo una pagina.

Corpo centrale: risposte dirette, soluzioni, aiuto.

Il corpo centrale del tuo capitolo rappresenta il piatto forte della sezione. Si forniscono le risposte alle questioni, si condividono esperienze, si offrono consigli utili e si può includere una check-list di ciò che il lettore dovrà fare per raggiungere gli obiettivi.

Per esempio, se volessi scrivere un ebook intitolato "Come riconquistare la tua ex" , uno dei capitoli potrebbe iniziare affrontando la più grande preoccupazione "Potrò mai riaverla?". Al centro del capitolo potresti compilare una check-list delle cose che i tuoi lettori dovrebbero o non dovrebbero fare per tornare a vivere il loro amore.

Tutto il materiale che costituisce il corpo centrale del tuo capitolo serve per argomentare e supportare le tesi espresse nel capitolo stesso.

Valuta inoltre la possibilità di aggiungere dei box o link che riconducano ad ulteriori informazioni.

E' sufficiente inserire queste interruzioni alla fine di ogni paragrafo, che non sarà più lungo di 6-9 righe, così da rendere più facile e comprensibile la lettura.

Fine del capitolo: traghettare il lettore verso la sezione successiva.

Uno dei peggiori errori che ho visto commettere dai nuovi scrittori è quello di concludere ogni capitolo senza trasmettere la curiosità di continuare a leggere. Il testo ha poca energia ed efficacia, non mantiene alta la suspense e non crea aspettative.

Ciascun capitolo dovrebbe terminare con una solida conclusione che, allo stesso tempo, rilanci il lettore verso il paragrafo successivo.
Io solitamente concludo la maggior parte dei capitoli con una sintesi degli argomenti trattati o con una serie di azioni che il lettore deve compiere prima che sia pronto per la fase successiva.
Questo permette di ottenere due risultati diversi:

In primo luogo, riassumendo le informazioni contenute nel capitolo si fa un punto della situazione, i lettori possono fare un ripasso ed assicurarsi di aver interiorizzato i concetti prima di andare avanti.

In secondo luogo, dando loro dei compiti specifici come un elenco di azioni o una check-list, io sono in grado di guidarli meglio nel prossimo capitolo.

Non sarà facile concludere ogni capitolo con la stesura di un piano d'azione. In questo caso non arenarti: fornisci un riassunto della situazione, descrivi ciò che si è trattato fino a quel punto, concentrati su come mantenere agganciato il tuo lettore.

Rendilo entusiasta e curioso di ciò che sta per arrivare ponendo l'accento sui vantaggi che ogni capitolo potrà dare.

Esempio di layout:

Titolo del capitolo: Il modo più veloce per costruire un sito web.

Sommario del capitolo: Come costruire un sito web utilizzando Wordpress, plugin e temi gratuiti.
Apertura (gancio) del paragrafo: sei diventato matto per costruire un sito web? Non sai se c'è un modo più semplice e veloce? In questo capitolo, imparerai come costruire un sito web perfettamente funzionante in meno di 14 minuti, garantito.

Corpo centrale: spiegazione delle diverse fasi per costruire un sito web utilizzando Wordpress. Guida passo passo per l'installazione, la configurazione e l'ottimizzazione di un blog.

Chiusura: riassumere i passaggi in un elenco puntato, proporre ai lettori un piano d'azione per creare il loro blog. Chiudere con un gancio, guidandoli nel prossimo capitolo.

Esempio di chiusura per portare i lettori nel capitolo successivo:

Una volta creato ed ottimizzato il tuo sito web per i motori di ricerca, è giunto il momento di imparare le strategie commerciali per guadagnare in modo rapido. Tratteremo tutti i metodi più efficaci per ricavare profitto nel prossimo capitolo.

Ecco i tuoi prossimi passi:

*** Creare un nuovo file per ogni capitolo del tuo libro intitolato "Capitolo-1", "Capitolo-2", e così via.
*** Aggiungere un titolo ad ogni file.

***Aggiungere un sommario per ogni file.

***Salvare i file e procedere con il prossimo capitolo.

Diventare brillanti scrittori

Ora spero che tu abbia chiaro la struttura di un prodotto vincente e, se hai terminato la procedura nel capitolo precedente, avrai i titoli e il sommario già completati.

Avrete compreso anche la struttura del capitolo: dalla sua introduzione, passando per la parte centrale "corposa" per giungere alla sua fine. Finalmente sei pronto per scrivere il tuo ebook!

Ti accorgerai che la struttura che hai composto non solo ti aiuterà a scrivere l'ebook più velocemente, ma anche a mantenere le cose organizzate.

Dovrai fare riferimento alle domande ed alle questioni che hai raccolto nelle tue ricerche per scrivere ogni capitolo, queste saranno i titoli ed i sottotitoli e quindi i punti di partenza per sviluppare gli argomenti.

I titoli permettono al lettore di mantenere la concentrazione, spezzando paragrafi troppo lunghi. Inoltre aiutano a mantenere una direzione, una linea guida all'interno del libro. Devi immaginarli come una mappa che guidi il lettore dal punto A al punto B.

Per ogni capitolo inizia con una domanda (gancio) che coinvolgano il lettore e successivamente rispondi a quella domanda con storie ed esempi, con consigli e strategie pratiche.

Concludi il capitolo con una check-list o un piano d'azione, un paragrafo di chiusura e un assaggio di ciò che seguirà. Durante la stesura dei capitoli iniziate dal più facile. Non esiste regola che imponga di cominciare dal primo.

E' molto più facile iniziare dall'argomento con il quale hai maggior familiarità; una volta iniziato, il resto verrà quasi da sé.

Personalmente inizio sempre dall'introduzione e dalla chiusura. Successivamente affronto il capitolo che mi interessa maggiormente. Così facendo mi sono accorto che il lavoro progredisce in modo più rapido e naturale, e completare i restanti capitoli diventa poi un lavoro più leggero.

Conosco anche scrittori che utilizzano un approccio diverso: iniziano dai paragrafi più difficili così da togliersi il pensiero per poi finire in scioltezza con le parti più interessanti. Si può anche provare a scrivere due paragrafi per ogni capitolo, poi tornare indietro e completarli. Prova e trova ciò che è meglio per te.

La lunghezza del tuo ebook dipende solo da te: può variare da 30 a 150 pagine e più.

Fintanto che ti senti in grado di fornire sufficienti informazioni, risorse e strumenti per aiutare veramente il tuo lettore, non ti devi preoccupare troppo per la lunghezza del libro.

E' sempre meglio scrivere gli ebook con un obiettivo chiaro in mente in modo da esprimere meglio i concetti con poche parole evitando di riempire pagine inconcludenti.

Ora sei pronto per completare il tuo libro e iniziare a fare soldi nel mercato degli Infoprodotti.

Dopo aver selezionato il tuo manuale, consulta la sezione "Getting Listed On ClickBank" per poter inserire la tua opera nel più grande distributore di libri digitali su internet! Clickbank. Questa piattaforma farà da tramite per tutte le vendite e si occuperà anche della consegna dell'Ebook al cliente in maniera del tutto automatica.
Tutto questo in cambio di una piccola percentuale delle vendite, in più avrai il tuo libro pronto per ricevere traffico.

Siamo giunti alla fine. Una volta terminato l'Ebook in word basterà salvarlo in formato PDF e sarà pronto. Ultimo passo, impostare la tua pagina di vendita, o come viene detta in gergo "sale page" dove presenti la tua offerta e descrivi tutti i benefici del tuo prodotto. Una volta fatto, a fondo pagina non ti rimane che mettere il bottone "Paga adesso" o "Ordina ora" e il tuo cliente ordinerà direttamente dal sito, il tuo prodotto.

A questo punto verrà re-indirizzato in una pagina sicura e protetta dove pagherà con la sua carta di credito (o con altri metodi) e scaricherà il tuo prodotto.

Ti renderai conto che una volta impostata, il tutto avverrà in modo meccanico e tu guadagnerai soldi in modo automatico anche mentre dormi e sei al mare! Se ti affidi alla piattaforma di ClickBank, riceverai gli incassi mensilmente o settimanalmente a seconda di come hai impostato le tue preferenze.

http://international.clickbank.com/it/product-creators-4/

https://accounts.clickbank.com/signup/?locale=IT&cid=langITprod

Allo stesso tempo, una schiera di fedeli affiliati si occuperà della promozione del tuo prodotto e ti vedrai arrivare pagamenti sul tuo conto paypal, anche qui in maniera del tutto automatica. Alla fine del mese dovrai solo pagare la loro commissione.

Il bello è che questo processo può essere ripetuto migliaia di volte, finchè la gente sarà alla disperata ricerca di quelle informazioni/soluzioni che tu gli darai!

Capitolo 2

Modello di Internet Business: **High Ticket Program**

Questo modello di business online – High Ticket Programs – ti permette di generare ingenti guadagni con meno sforzi e in poco tempo.

Ma cosa sono gli High Ticket Program - o i programmi ad alto prezzo?

Si tratta di programmi, servizi o prodotti in grado di generare guadagni a partire da 1000€, ma possono raggiungere cifre ben più elevate fino a 20.000€ e oltre.

I prodotti ad alta gamma che decidi di proporre possono essere prodotti digitali di vario genere, coaching personalizzate, eventi live o anche un insieme di questi per fornire ai clienti training di valore che portino a risultati eccellenti e concreti. Questi prodotti permettono a chi acquista di accedere alle ultime novità e alle soluzioni più aggiornate in quel determinato settore.

Per poter vendere questi prodotti devi realizzare un funnel di vendita (un imbuto di vendita) specifico in grado di accompagnare il tuo potenziale cliente in un percorso guidato da te.

Generalmente si parte da un prodotto detto di front-end, il primo prodotto del percorso, ad un costo basso e in alcuni casi gratuito. L'obiettivo è quello di attrarre, a questa prima proposta, un numero elevato di potenziali clienti. Potrebbe trattarsi di un e-Book o di un webinar.

Non preoccuparti del costo basso o addirittura nullo della tua offerta di front-end, i veri guadagni li farai più avanti nel funnel quando proporrai il tuo High Ticket Program. Noterai che non tutti gli utenti percorreranno l'intero funnel fino alla proposta del tuo prodotto di alta gamma. La natura stessa dei programmi di fascia alta è l'esclusività, si tratta di prodotti di altissimo livello ed altissimo valore.

Solo i clienti che sono disposti a spendere grosse somme, perché veramente interessati a trasformare la propria situazione e ad effettuare un cambiamento effettivo, sono interessati all'acquisto di questo genere di prodotto.

La via più semplice è quella di proporre prodotti di alta gamma di altri in affiliazione. Quando l'utente arriverà sulla pagina di presentazione del prodotto e comprerà tu riceverai una commissione.

Ne parleremo più approfonditamente nel capitolo sulle Affiliazini. Adesso vedremo come crcare un prodotto di alta gamma, un High Ticket Program.

Perché un prodotto di alta gamma?

Vedremo perché questo tipo di prodotto, un prodotto di fascia alta, è importante per il tuo business.

I motivi sono essenzialmente 4:

1.Trasformazione

2. Testimonianze video

3. Clienti selezionati
4. Commissioni istantanee

Il primo è la trasformazione.

Qui devi elaborare un'offerta che contenga il massimo valore che puoi offrire. Il tuo prodotto ad alta gamma deve fornire al tuo acquirente la soluzione migliore, la più aggiornata, quella in grado di trasformargli la vita.

Fornisci al tuo acquirente la risposta che ha sempre cercato ma che non è mai riuscito a trovare. In questo modo potrai anche garantirti una reputazione e un'autorevolezza senza paragoni nel tuo settore di mercato. Se non hai le competenze per completare un programma del genere puoi sempre invitare un ospite d'eccezione ad un evento o ad un webinar e dividere poi i proventi delle vendite con lui.

Come secondo punto abbiamo le testimonianze video.

Una volta che avrai acquisito dei clienti per i tuoi programmi ad alto costo, potrai chiedere loro delle testimonianze video.

Ti chiederai...perché è importante?

Questo sarà un elemento chiave di riprova sociale che ti aiuterà in futuro. Quando i tuoi clienti ti forniscono testimonianze positive relative ai tuoi programmi, ai tuoi prodotti o servizi, la tua reputazione, la tua credibilità e la tua autorevolezza nel settore in cui operi cresceranno a livelli esponenziali.

Tutto questo farà si che i nuovi prospect che acquisirai siano più propensi ad acquistare il tuo high ticket program.

Il terzo motivo per cui i programmi di alta gamma sono importanti per il tuo business è che ti permettono di avere clienti selezionati, ovvero clienti disposti a pagare ingenti somme di denaro per i tuoi prodotti.

Sei riuscito a conquistare questi clienti attraverso un percorso di scoperta della tua attività e di ciò che offri. Grazie alla creazione di un funnel di vendita specifico riesci a filtrare i tuoi clienti e in seguito ad occuparti di quelli che sono realmente interessati a risolvere i propri eventuali problemi e quindi a valutare seriamente le tue proposte.

Questa strategia di consente di risparmiare molto tempo e di ottimizzare le tue risorse per riuscire a guadagnare di più. Non hai più bisogno di fare centinaia di vendite per coprire i costi ed infine guadagnare, ti bastano anche poche vendite. Tutto ciò di cui hai bisogno è di un gruppo di clienti selezionati.

Facciamo un esempio pratico...Preferiresti fare 1000 vendite da 7€ oppure 100 da 1000€? Avere un programma ad alto costo, da vendere ad un gruppo ristretto di clienti, è il modo più veloce per riuscire a guadagnare grosse somme di denaro e risparmiare tempo e risorse.

Vediamo adesso come procedere alla creazione di un High Ticket Program.

Le fasi di creazione di un prodotto di alta gamma sono 3:

1. Crea una lista di minimo 2000/3000 iscritti.
2. Organizza un webinar a settimana per 3 settimane
3. Offri un programma di trasformazione da 5000€

Il primo passaggio è quello di **creare una lista di iscritti di minimo 2 o 3 mila persone**. Questo è un passaggio importante perché è qui che puoi generare potenziali clienti disposti a spendere ingenti somme di denaro per avere una soluzione definitiva ai propri problemi. Senza una lista d questo tipo non puoi proporre il tuo prodotto.

Per creare una lista esistono infinite possibilità.

Il secondo passaggio è quello di organizzare un webinar gratuito a settimana per tre settimane consecutive.

Imposta una sequenza di email da inviare ai tuoi iscritti ed invitali ad iscriversi al webinar. Durante i webinar offri dei contenuti interessanti, utili e di valore e mostra un'anteprima del tuo programma ad alto costo in modo da informarli su ciò che possono aspettarsi dalla tua proposta.

Ecco alcuni programmi noti per fare webinar. Sono in inglese ma di facile comprensione.

https://www.anymeeting.com/

https://www.gotomeeting.com/it-it/webinar/pricing

https://www.webinarjam.com/

Evidenzia quelle che sono le difficoltà che ritieni stiano attraversando (a seconda della nicchia di mercato in cui operi) in modo da fargli capire che il tuo programma sarebbe davvero la soluzione per loro.
Alla fine della terza settimana assicurati di indirizzare i tuoi iscritti alla pagina dedicata sessione di coaching. Qui è dove filtrerai i tuoi iscritti e potrai selezionare solo i più qualificati per una sessione skype o una intervista telefonica - a tu per tu - in cui discuterete i problemi da risolvere e la soluzione all'interno del tuo prodotto ad alto costo.

La fase finale è quella dell'offerta del tuo high ticket program.

Il tuo programma ad alto livello deve contenere soluzioni effettive e contenuti di altissimo valore per i tuoi acquirenti. Il formato in cui trasmettere questi contenuti lo stabilisci tu e, come abbiamo detto, può trattarsi di un video-corso, di un training dal vivo, di un prodotto digitale o di un workshop e perché no di un ritiro della durata di un intero week-end ad esempio.

Strategie per prodotti ad alta gamma

Esistono sostanzialmente due strategie di cui puoi servirti per convincere i tuoi iscritti ad acquistare il tuo high ticket program.

1. Il filtro dei 500€
2. Istruire i tuoi iscritti attraverso diversi canali

Il primo modo in cui puoi filtrare i tuoi iscritti è quello di proporre un programma del costo di 500€. Questo prezzo ti permette di scindere i clienti disposti a spendere da tutti gli altri.

Molti fra i tuoi iscritti potrebbero essere solo interessati ad eventuali materiali gratuiti e omaggi. Questi subscriber non spenderanno mai un centesimo per i tuoi programmi e per i tuoi prodotti o servizi quindi fare una prima selezione è importantissimo per non farti perdere tempo e risorse.

Generalmente il tuo programma da 500€ potrà contenere informazioni relative a:

1. Come raggiungere la prima vendita
2. Come riuscire ad ottenere iscritti
3. Come avviare un business online

Una volta che avrai fornito un prodotto che contiene le informazioni che abbiamo elencato, puoi procedere con un prodotto o un programma da 5000€.

Il programma da 5000€ dovrà fornire soluzioni concrete in grado di trasformare la vita dei tuoi clienti.

La seconda strategia è quella di istruire i tuoi iscritti attraverso diversi canali in cui offri contenuti legati alla nicchia di mercato di cui ti occupi.

Alcune delle opzioni sono:

1. Video
2. Articoli
3. Lezioni
4. Casi studio
5. Report

Idealmente dovresti istruire i tuoi iscritti, attraverso uno dei canali menzionati, per le prime tre settimane; prima di procedere con la promozione del tuo programma ad alto costo.

Modelli di prodotti ad alta gamma

Ci sono vari metodi fra i quali puoi scegliere per guadagnare con prodotti ad alto prezzo. Alcuni dei quali sono:

1. Webinar automatici
2. Servizi "chiavi in mano"
3. Mastermind

4. Workshop, seminari o ritiri di lunga durata (min.2 gg)

Puoi vendere i tuoi prodotti di alta gamma con dei webinar automatici.

I webinar rappresentano una valida opzione da considerare in quanto, se studiati in modo strategico per la tua nicchia di mercato, ti permettono di attrarre un ampio numero di potenziali clienti selezionati che hanno realmente bisogno dei servizi e dei prodotti che hai da offrire.

Questi iscritti apprezzano i contenuti di valore che offri e sono intenzionati a pagare per i tuoi prodotti indipendentemente dal costo. Ovviamente dipende anche da come riesci ad inserire il tuo programma nel corso del webinar.

Promuovendo i tuoi prodotti ad un ampio numero di persone con un unico webinar hai la possibilità di risparmiare tempo e generare più vendite.

Puoi facilmente vendere programmi da 997€ o 2997€ attraverso i webinar automatici che possono durare per un periodo di 3 o 4 settimane con cadenza settimanale o anche due volte a settimana.

La seconda opzione che potresti prendere in considerazione sono i Servizi "chiavi in mano". Questo significa che puoi vendere ai tuoi clienti un "pacchetto" che contiene più servizi; dalla creazione di una landing page o del sito, alla realizzazione di campagne di marketing per la promozione dei loro prodotti.

Questi pacchetti richiedono ovviamente un impegno in termini di tempo e risorse da parte tua, tuttavia il guadagno è abbastanza alto e a seconda dei servizi che offri può variare dai 2000 ai 100.000€.

La terza opzione sono i Mastermind. Nei mastermind, un gruppo di clienti paga la somma di 1000 – 10.000€ al mese per lavorare insieme a te in un gruppo preposto. Può trattarsi di incontri live mensili, lanci di prodotti, oltre allo studio e alla messa in pratica di nuove strategie (inerenti la data nicchia di mercato).

Infine ci sono i Workshop, i seminari o i ritiri di lunga durata (min.2 gg). A differenza dei mastermind che sono continuativi, i workshop, i seminari e i ritiri sono ad un'unica cadenza.

Durante i workshop o i seminari puoi offrire dei training di valore per i tuoi clienti tra cui ad esempio l'avvio di un business online, come far progredire un business già esistente e portarlo a guadagnare 10 volte tanto rispetto agli attuali profitti, o qualcos'altro di grande valore e in grado di portare risultati eccellenti e concreti.

I tuoi workshop e i seminari possono durare da 2 a 5 giorni in base al programma che hai sviluppato. I tuoi clienti pagheranno da 5000 a 25000€ se non di più per acquistare il tuo programma e assistere al tuo evento dal vivo.

High Ticket Program: pro e contro

In questo capitolo vedremo i pro e i contro di un Programma ad alto costo in modo che tu possa massimizzare il tuo ROI e ridurre al minimo le perdite.

Vediamo un elenco dei benefici che puoi ottenere, grazie al tuo programma di alta gamma, per il tuo business online:

1. Ti aiuta a costruire un business scalabile
2. Ti permette di generare ingenti guadagni immediati
3. Puoi dimezzare i tempi delle tue campagne di marketing

Come prima cosa quindi, con un Programma ad alto costo puoi costruire un business scalabile. Facciamo un esempio pratico: se spendi 20€ per generare un lead e vendi un prodotto a 30€ il tuo guadagno è di soli 10€. Tuttavia se vendi un prodotto da 1000€, che è poi il tuo High Ticket Program, hai un guadagno di 980€.

Se guadagni una cifra elevata per un unico prodotto puoi dedicare più tempo e risorse al tuo business perché non devi spendere tutto il tuo tempo e i guadagni alla ricerca di iscritti e alla promozione di altre offerte.

Il secondo vantaggio è che puoi guadagnare ingenti somme con minor sforzo. Ad esempio, i prodotti a basso costo devono essere venduti in grosse quantità perché generino profitti sostanziosi. Tuttavia, con una singola vendita puoi guadagnare dieci volte tanto se il prodotto che vendi è di fascia alta.

Puoi lavorare in modo efficiente con un costo minimo e puoi ottimizzare il tuo tempo e dedicarti alla vendita dei prodotti di alta gamma. Inoltre, con i programmi ad alta gamma non devi dedicare tanto tempo al marketing e alla promozione di altri prodotti.

Poniamo che tu ti sia posto l'obiettivo di guadagnare 100.000€ all'anno e che tu venda prodotti a basso costo (da 100€); per raggiungere il tuo obiettivo devi riuscire a vendere almeno 1000 prodotti. Tieni presente che per effettuare così tante vendite devi anche avere una mailing list con migliaia e migliaia di iscritti. Tuttavia, se decidi di vendere prodotti di alta gamma al costo di 10.000€, significa che devi fare solo 10 vendite in un anno.

Adesso che abbiamo visto alcuni dei benefici che puoi trarre dalla vendita di prodotti al alto costo, vediamo quali potrebbero essere gli ostacoli da superare.

In primo luogo devi considerare che i programmi ad alto costo rappresentano un investimento importante sia per te che devi realizzare un prodotto di qualità eccellente sia per i tuoi clienti.
Se vuoi che le persone acquistino il tuo prodotto devi prima dedicare del tempo a costruirti una reputazione, ad acquisire autorevolezza nel tuo settore in modo che i potenziali acquirenti si fidino di te. Una vendita di questo tipo richiede un pochino più di tempo.

Un altro fattore che devi prendere in considerazione è che la realizzazione di un prodotto con un costo superiore ai 500€ richiede un certo grado di esperienza e di competenza da parte tua. Soprattutto se hai intenzione di organizzare eventi dal vivo, coaching e workshop.

I clienti che sono disposti a spendere così tanto si aspettano molto in cambio, si aspettano il meglio e soprattutto si aspettano cambiamenti e risultati concreti.

In conclusione i programmi ad alto costo richiedono un pochino più di tempo e sforzi prima ma pagano grossi guadagni a lungo termine. Non puoi assolutamente offrire programmi con costi superiori ai 500€ senza avere il giusto livello di conoscenze e di esperienze. Una volta acquisite le conoscenze e gli strumenti per poterlo fare, dovrai conquistare la fiducia del tuo target e una reputazione autorevole nel tuo settore di mercato.

Capitolo 3

Modello di Internet Business: **Le Affiliazioni**

Se hai intenzione di guadagnare online, la migliore opzione per molte persone è senza dubbio quella delle affiliazioni. Si tratta del tipo di business online con i minori ostacoli da superare, di un business che tutti possono imparare a fare e in cui tutti possono specializzarsi.

Allo stesso tempo è uno dei modelli di business online che promette maggiori guadagni, sicuramente maggiori rispetto ad AdSense e simili.

E su questo punto gli inserzionisti puntano parecchio. Ci sono buone probabilità che tu abbia visto molte pubblicità di programmi e altri metodi che ti offrono opportunità di guadagno online. 9 volte su 10 riguardano il mondo delle affiliazioni. Riconosci queste inserzioni immediatamente appena le vedi, sono quelle in cui qualcuno ti parla dal suo yacht per dirti che riesce a guadagnare cifre a cinque zeri lavorando solo poche ore alla settimana.

Allo stesso modo avrai anche visto inserzioni video di "imprenditori online milionari" vestiti di tutto punto in uffici lussuosi in cui parlano dei loro sistemi di guadagno. Hanno creato un "impero digitale" da soli attraverso le tecniche di affiliate marketing e adesso sono ricchi e potenti e probabilmente ritengono che tu voglia essere nei loro panni.

Ma è poi tutto vero? Puoi davvero raggiungere quei livelli grazie alle affiliazioni? E' davvero semplice come dicono? O c'è dell'altro da scoprire...

Quanto guadagna un affiliato?

Innanzi tutto valutiamo le affermazioni che si sentono in giro relative ai guadagni. Non è necessario indovinare; infatti durante un Summit, svoltosi di recente, oltre 1800 affiliati hanno risosto ad un sondaggio in cui hanno descritto tutto dai loro metodi ai guadagni.

E quindi? Quanto guadagnano?

Il 46% guadagna meno di 20.000 euro mentre l'8% guadagna 80-100.000 euro e il 12% oltre 100.000 euro. Per lo meno questo dimostra che in effetti è possibile generare ingenti guadagni. La restante % era intorno alla metà ma considera che il 19% ha scelto di non rispondere affatto.

Ciò che è interessante notare è la diffusione stessa delle somme di denaro guadagnate. Il mercato delle affiliazioni genera guadagni che variano dai 20.000 ai 100.000 euro e oltre; un tale range di guadagno è introvabile in altri tipi di carriera lavorativa di tipo più tradizionale.

Quindi cos'è che determina la vera differenza? La capacità individuale di ognuno.
In quanto affiliate marketer sei un lavoratore indipendente e capo di te stesso. Non hai bisogno di competere con i colleghi per ottenere una

promozione. Puoi anche raggiungere il vertice della tua carriera in pochi giorni - se hai le capacità necessarie - perché dipende tutto da te.

Adesso vedremo quali sono le strategie che ti saranno utili per guadagnare con il mercato delle affiliazioni.

Affiliate Marketing Lifestyle: cosa implica l'affiliate marketing?

Forse, nel mercato delle affiliazioni, non è solo il denaro il fattore che attrae ma il fatto che si tratta di un modello di business di tipo "passivo". Una volta che hai impostato tutto: dalla scelta del network, alla pagina di vendita, al funnel di vendita, puoi veramente cominciare a guadagnare mentre dormi o mentre sei in vacanza.

Ma, anche qui, le cose si fanno un po' contorte...Questo stile di vita è quello a cui puoi mirare una volta che sarai arrivato al top, non è un obiettivo che puoi raggiungere dall'oggi al domani.

In effetti, agli inizi, dovrai dedicare parecchio tempo ed energie al tuo nuovo business. L'intento dovrebbe essere quello di "seminare" e fare il lavoro duro per poi cominciare a "raccogliere i frutti". All'inizio dvi avere la volontà di lavorare molto e di guadagnare poco.

Ma, in modo specifico, che cosa implica il mercato delle affiliazioni?

Se stai leggendo questa Guida ci sono buone probabilità che tu abbia già un'idea – seppur vaga – di che cosa sono le affiliazioni. Ma ricapitoliamo le nozioni base.

Sostanzialmente, in quanto affiliato, vendi dei prodotti per ricevere delle commissioni. Il che significa che ricercherai dei prodotti online da promuovere con un link affiliato. Se qualcuno clicca sul tuo link e acquista il prodotto potrai guadagnare una commissione. Molto spesso il mercato delle affiliazioni riguarda la vendita di prodotti digitali per i quali puoi aspettarti una percentuale che varia dal 50 al 75% del prezzo di vendita.

Non corri alcun rischio perché non sei tu a creare il prodotto inoltre non devi avere alcun magazzino e non devi occuparti delle spedizioni. Tutto ciò che devi fare è vendere e puoi guadagnare anche più di chi ha realizzato il prodotto.

La parte difficile tuttavia sta proprio nel fare quelle vendite. E' qui che entra in gioco il marketing e il tuo compito a questo punto è quello di radunare un grosso pubblico, attraverso un blog, attraverso una campagna di email marketing, attraverso le inserzioni e la tua presenza sui social media. Qualunque strumento ritieni sia il più efficace.

Questo è il motivo per cui, anche per chi è alle prime armi, non ci sono grossi ostacoli e difficoltà da superare. Tutto ciò che devi fare è semplicemente assicurarti che le persone vedano il tuo link affiliato. Non ci sono grossi investimenti iniziali e non devi creare alcun prodotto. Puoi anche iniziare subito bastano un paio di strumenti e sei pronto.
Se hai già un blog che raggiunge le 10.000 visite al giorno allora per te sarà davvero un gioco da ragazzi. Tutto ciò che devi fare è scrivere dei testi persuasivi sul tuo sito o blog e inserire il link affiliato nei punti strategici.

Ma se questo invece è il tuo primo passo nel mondo dell'affiliate marketing allora le cose si fanno un po' più complesse.

A questo punto hai due opzioni:

- Generare un pubblico in modo organico
- Fare pubblicità a pagamento

Ci sono anche altri metodi e strategie ma li vedremo in seguito...

Fare pubblicità

Se scegli di fare marketing a pagamento allora molto probabilmente ti servirai dei PPC (Pay-per-Click). Sostanzialmente paghi per ogni persona che clicca su una tua inserzione, che rimanda al tuo sito. Più paghi e più visite otterrai.

Se studi bene il design e il contenuto del tuo sito allora dovresti riuscire a convincere molte persone ad acquistare i prodotti che promuovi e a convertire così molti semplici visitatori in acquirenti. Questo significa anche che puoi calcolare in modo preciso i profitti che potresti generare. Se paghi un certo importo per ogni visitatore, ed una certa percentuale di questi visitatori ti porta un determinato guadagno, puoi stabilire se la tua strategia è profittevole o meno.

L'importo che andrai a pagare per ogni click dipende dalla concorrenza per la tua inserzione. Le inserzioni PPC funzionano con un sistema di offerta per cui l'inserzionista che offre di più sarà quello la cui inserzione verrà maggiormente visualizzata.

In ogni caso, anche se il tuo sito o blog è ben fatto, il tasso di conversione si aggira intorno ad una percentuale fissa. La tua inserzione dovrà essere vista da circa 1000 o 2000 persone prima di poter effettuare una singola vendita, il che significa che per fare almeno 100 vendite il tuo sito dovrà essere visto da 10/20.000 persone e quindi dovrai spendere molto di più per la tua inserzione.

Stiamo parlando di un sistema che richiede parecchie modifiche e regolazioni, prima che si assesti e funzioni in modo regolare, ed è quindi normale che all'inizio potrai perdere dei soldi o comunque vedrai pochi risultati. Con il tempo imparerai a selezionare il target giusto, a scegliere i prodotti che convertono meglio e ad incrementare le vendite e i profitti. Ma la cosa buona che bastano anche solo 5 euro al giorno per generare davvero tantissimi click.

Generare un pubblico

Se non vuoi investire per le inserzioni l'unica alternativa che hai è quella di generare un audience in modo organico, il che richiede più tempo.

Potresti cominciare con un blog e usarlo per fare promozione sui social media e generare una lista di iscritti. Di nuovo, non puoi aspettarti di convertire granché se prima non raggiungi un numero consistente di visite giornaliere. Questa strategia richiede un lungo periodo e prima di poter raggiungere le 10.000 visite al giorno possono passare anche alcuni anni, se scegli questo metodo gratuito.

Il fatto è che questa strategia richiede tempo ma è anche tutt'altro che "passiva". Dovrai scrivere molti articoli per il tuo blog, impostare una campagna di email marketing e diffondere la tua presenza online attraverso ogni canale disponibile.

E' davvero possibile avere successo con le affiliazioni. Puoi guadagnare centinaia e migliaia di euro con questo tipo di business e, una volta che tutto è impostato, potrai generare profitti in modo passivo.

Ma richiede anche un investimento iniziale in termini di tempo e denaro, oltre che la conoscenza di quelle che sono le strategie più efficaci.

Come addentrarsi nel mondo delle affiliazioni

Non devi scoraggiarti, semplicemente devi scegliere il giusto approccio e sapere in partenza ciò che ti aspetta. Non entrare nel mondo dell'affiliate marketing pensando di diventare milionario in un giorno; rimarresti molto deluso e potresti rischiare di abbandonare tutto prima del tempo. Al contrario sii realista e prendi atto del fatto che si tratta di un processo che richiede il suo tempo e quindi all'inizio non potrà essere la tua unica fonte di guadagno.

All'inizio potrai dedicarti alle affiliazioni nel tempo libero, pur mantenendo la tua fonte di entrate principale. Consideralo come un secondo lavoro a cui dedicare un minimo di tre cinque alla settimana; ti suggerisco di pubblicare degli articoli sul tuo blog con costanza e di re-investire i primi guadagni in modo da far crescere il tuo business.

Poniamo che tu riesca a fare una vendita alla settimana da 40€ e che tu non spenda nulla per la pubblicità e che abbia deciso di servirti unicamente di traffico organico. Questo significa che hai un'entrata extra di 160€ tutti i mesi; alla fine dell'anno sono €1920 che puoi aggiungere alle tue entrate principali.

Con il tempo queste entrate aumenteranno e ti potrai permettere uno stile di vita migliore. O quanto meno avrai una sicurezza in più e, se hai scelto una nicchia di mercato che ti interessa, potrai guadagnare occupandoti di un argomento che ti diverte oltre a farti guadagnare. Pian piano scoprirai il piacere di veder crescere il tuo audience, la soddisfazione di avere dei fan che ti seguono e riuscirai a crearti una reputazione solida e autorevolezza nel tuo settore di mercato.

Se perseveri, e non ti lasci scoraggiare dalle difficoltà iniziali, presto potrai davvero guadagnare somme consistenti mentre dormi o mentre sei in vacanza, ovvero in modo passivo. L'importante è che non ti aspetti di realizzare questo obiettivo in pochi giorni. Devi fare un passo per volta.
Il tuo primo obiettivo deve essere quello di avere un'entrata extra dopodiché il tuo nuovo obiettivo potrà essere quello di guadagnare enormi somme di denaro senza impiego di tempo ed energie da parte tua.

Non sottovalutare questo aspetto, iniziare con l'obiettivo giusto può fare la differenza tra il successo e il fallimento della tua nuova attività online. E questo è il primo ed il più importante segreto nel mercato delle affiliazioni.

Ciò che vedremo in seguito sono tecniche e strategie che potrai mettere in pratica per accelerare la crescita del tuo business nel mercato delle affiliazioni, per potenziare la tua attività di affiliato e riuscire a guadagnare in tempo più breve.

Capitolo 4

Come funziona e come e' strutturato
il mercato delle affiliazioni

Fin'ora abbiamo illustrato quella che è la realtà dell'affiliate marketing ma non ne abbiamo ancora analizzato la struttura e il suo funzionamento. Una comprensione più approfondita è fondamentale per poter lavorare in modo più consapevole ed efficace.

Cosa succede ad esempio quando qualcuno clicca sul link affiliato? La risposta sono: i "cookies".

I cookie sono come dei micro-file che vengono salvati nel computer del visitatore e sono gestiti dal browser. I siti web possono memorizzare i cookie per poi cercarli per mostrarti gli annunci pertinenti sulla base delle ricerche che fai, sulla cronologia di navigazione, oppure per mantenerti loggato in alcuni siti, come Facebook ad esempio.

Quando un acquirente clicca sul tuo link viene inviato alla pagina di acquisto del prodotto che promuovi. Allo stesso tempo un cookie verrà memorizzato nel suo computer che identificherà quell'acquirente come "inviato da te" o in termini tecnici come un tuo referral. Il che significa che quando quella persona effettua un acquisto tu potrai ricevere la commissione che ti spetta.

Capire questo è importante perché introduce un potenziale rischio in quanto le persone possono vedere cosa vendi e cercare lo stesso prodotto indipendentemente dal tuo link, con una navigazione a parte. In pratica bypassando il tuo link. Puoi evitare questo inconveniente usando un link cloaking o un redirect ovvero un link che manda le persone alla pagina di destinazione del tuo link affiliato senza mostrare l'URL.

Vale anche la pena fare una piccola ricerca sul programma di affiliazione con il quale decidi di lavorare. Questo perché il creatore del cookie decide anche la durata del cookie che può variare da alcuni minuti oppure finché l'utente non li cancella di proposito. Ovviamente l'ideale sarebbe scegliere un programma di affiliazione i cui cookie non abbiano scadenza. I cookie di Amazon ad esempio hanno una durata minima di 24 ore; nonostante ciò, e vista la notorietà e la popolarità di un sito come Amazon, puoi comunque generare buoni guadagni.

Per ovviare a questo problema puoi installare il plugin EasyAzon. http://easyazon.com/cb-2

Dove puoi aumentare la durata dei Cookie Amazon fino a 90 giorni! Molti utenti purtroppo non comprano immediatamente, ma a distanza di uno o più giorni: di conseguenza, l'affiliato, perderà tutte le commissioni delle persone che compreranno in un secondo momento su Amazon (pur avendo cliccato sul nostro link).

Per incrementare i guadagni, dunque, bisogna ricorrere a questo trucco che ti permette di prolungare la durata dei cookie. Se il prodotto viene inserito nel carrello il cookie avrà una durata di 90 giorni. Meglio no?

Un altro fattore importante da prendere in considerazione è la possibilità di venire scalzati da altri affiliati, sempre a causa dei cookie. Questo potrebbe accadere quando qualcuno clicca sul tuo link affiliato, non effettua alcun acquisto, dopodiché clicca sul link di un altro affiliato e decide di acquistare.

Chi prende la commissione in questo caso? Dipende dall'affiliato, se decide di onorare il primo o l'ultimo click. Se invece sei un lifetime referral le commissioni andranno sempre a te indipendentemente da chi clicca dopo.

Vari programmi di affiliazione e come scegliere il prodotto migliore

Adesso che abbiamo chiarito alcuni aspetti tecnici, è arrivato il momento di scegliere i migliori programmi e i prodotti affiliati. La prima cosa che dovrai decidere è il genere di prodotto che andrai a promuovere che può essere digitale, fisico oppure un servizio.

La risposta migliore, soprattutto per chi è agli inizi, sarà: un prodotto digitale. Il che potrebbe significare ad esempio un eBook, un Corso digitale, un report gratuito. Con i prodotti digitali non ci sono costi di spedizione, o di gestione di magazzino, quindi i profitti sono maggiori e di conseguenza anche la commissione è maggiore. Generalmente un affiliato può guadagnare una commissione che va dal 50 a 75% del prezzo di un prodotto digitale.

Alcuni tra i network più conosciuti sono: Clickbank, Corsi.it eCj

Corsi.it: https://www.corsi.it/?ap_id=128553
Clickbank: http://international.clickbank.com/it/
Cj è in inglese: http://www.cj.com

Per aderire a questi network di affiliazione devi iscriverti, fare una ricerca tra i prodotti disponibili e richiedere la possibilità di diventare affiliato e promuovere il prodotto o i prodotti che hai scelto.

Quali sono i Network di Affiliazione che lavorano anche in Italia? Ecco una breve panoramica di quali e quanti network sono presenti su internet.

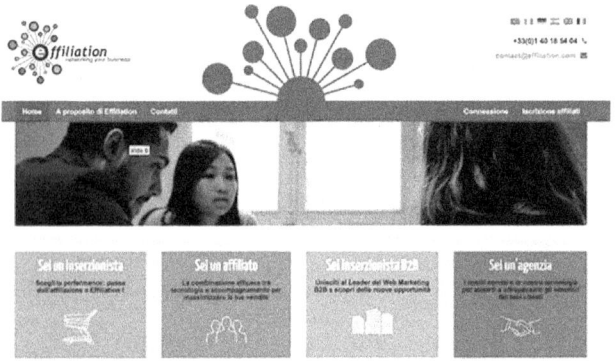

http://www.effiliation.com/it/

Network di affiliazione francese già da più di un anno sul mercato italiano è uno dei network più affermati in Francia che ha già preso campo anche nel nostro paese

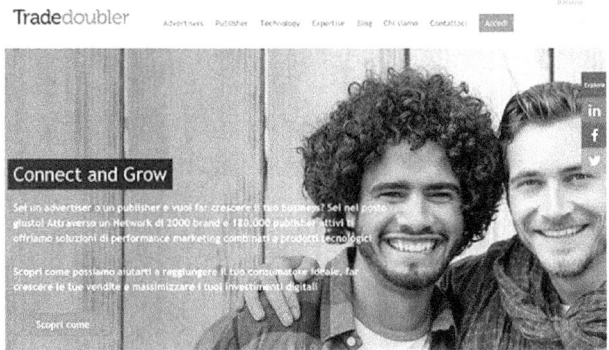

http://www.tradedoubler.com/it/

Network di affiliazione che offre moltissime campagne e moltissimi strumenti per promuovere le campagne.

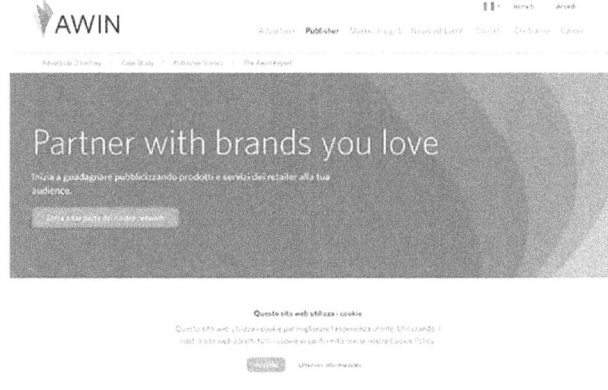

https://www.awin.com/it/publisher

Gruppo *zanox* cambia nome: nasce Awin, brand unico per *zanox* e Affiliate Window. Per la company specializzata in performance marketing,

Prima di scegliere un prodotto da promuovere hai la possibilità di raccogliere un po' di informazioni che possono aiutarti a scegliere i prodotti che convertono meglio. Non solo vorrai scegliere un prodotto che vende bene, ma anche un prodotto che ti lasci un ampio margine di guadagno.

Pensa anche agli strumenti che userai per promuovere il prodotto, pensa alla nicchia di mercato a cui appartiene e a come vuoi presentarti sul mercato in quella particolare nicchia o sotto-nicchia. L'obiettivo è quello di scegliere un prodotto appetibile per il tuo audience.

Un consiglio che vorrei darti è quello di testare il prodotto tu stesso e di scegliere, quando è possibile, quei prodotti per i quali sono disponibili anche dei materiali promozionali aggiuntivi. Alcuni infatti ti offrono dei banner, delle sequenze email già pronte, dei blog-post e landing page già create appositamente per la promozione del prodotto.

Come abbiamo detto, i prodotti digitali ti permettono di guadagnare di più, di seguire un procedimento relativamente più semplice ed immediato e, proprio perché sono i preferiti dai marketer, sarai in grado di trovare molte più informazioni, suggerimenti e tecniche per la promozione di questo genere di prodotto.

Tuttavia alcune persone preferiscono invece i prodotti fisici che possono vendere tramite i programmi di affiliazione di siti come Amazon o Shareasale ad esempio. Il motivo per cui molte persone preferiscono vendere i prodotti fisici è che si presume che il pubblico per questo tipo di prodotto sia più ampio.

Sfortunatamente però i prodotti fisici richiedono maggiori costi e più passaggi di gestione dal produttore al consumatore. Il ricavo di un prodotto che puoi vendere tramite Amazon viene diluito notevolmente in quanto dovrà pagare il creatore del prodotto, la percentuale per Amazon, la percentuale per la spedizione ed infine la percentuale per l'affiliato.

Infatti, gli affilati di Amazon possono generare un guadagno del 4-8% per la vendita di un prodotto in confronto al 50-75% di un prodotto digitale. I prodotti fisici in vendita su Amazon (i libri ad esempio) hanno un prezzo decisamente inferiore rispetto alla maggior parte dei prodotti digitali.

Questi sono fattori che devi prendere in considerazione nella scelta dei prodotti che andrai a promuovere.

Inoltre, visti i guadagni bassi dei prodotti fisici rispetto a quelli digitali, dovrai fare molte più vendite di prodotti fisici per riuscire a guadagnare la stessa cifra che potresti guadagnare con un numero inferiore di vendite ma di un prodotto digitale. Se sei agli inizi è probabile che tu non raggiunga ancora volumi di traffico tali da poter fare centinaia di vendite al giorno. Questo è quindi un altro motivo per cui molti prediligono i prodotti digitali.

Puoi anche prendere in considerazione la possibilità di promuovere servizi e membership. Spesso questo genere di vendite ti garantisce commissioni a vita. Se ad esempio promuovi un sito di scommesse e riesci a convertire, e quindi a far si che le persone si iscrivano a quel sito, allora potrai ricevere commissioni per tutta la durata della membership. Se riesci a realizzare un numero sostanzioso di queste conversioni potrai veramente cambiare la qualità della tua vita. Tuttavia, anche qui, ci sono delle sfide da affrontare e delle difficoltà da superare.

Intanto i programmi di affiliazione per le membership e i servizi sono decisamente inferiori numericamente parlando.

Il miglior modo per trovarli è quello di frequentarli personalmente il che significa tuttavia che potresti ritrovarti ad avere molti account separati e quindi le cose si fanno decisamente più complicate, soprattutto per chi non è esperto ed è appena entrato nel mondo delle affiliazioni.

Ulteriori consigli e suggerimenti per la scelta del prodotto
Un'altra cosa che devi prendere in considerazione, nella scelta di un prodotto da vendere in affiliazione, è la tua conoscenza o il tuo interesse nella nicchia di mercato di riferimento e quindi la tua abilità nel vendere in quel determinato settore.

Se devi creare un blog e una mailing list dovrai realizzare dei contenuti informativi relativi all'argomento che hai scelto, questo perché i tuoi lettori si affezionino, ti considerino esperto e quindi per affermare la tua reputazione online. Solo così le persone si fideranno abbastanza da trasformarsi da semplici lead a clienti paganti.

Se sottovaluti questo aspetto, e scegli una nicchia di mercato che non sia per te sufficientemente interessante, presto lo troverai talmente noioso e poco stimolante da essere portato ad abbandonare tutto. Ma la cosa peggiore è che i lettori potrebbero rendersi conto del fatto che non sei un esperto e comunque non potresti trasmettere l'entusiasmo necessario per vendere. Come si dice..."se non sei interessato non puoi essere interessante".

Se invece hai già un blog o un sito e dei follower, scegli dei prodotti che ritieni possano interessare le persone che già ti seguono.

In pratica, il suggerimento che voglio darti è quello di facilitare quanto più possibile l'intero procedimento quindi scegli di operare in un settore che ti è affine, nel quale hai interesse, competenza e conoscenze.

Macro-nicchia o Micro-nicchia

Anche questa è una decisione che dovrai prendere. Una delle nicchie di mercato più grandi, se non la più grande, è la nicchia del guadagno online. Di conseguenza la disponibilità di prodotti digitali, già pronti da promuovere in affiliazione, per questa nicchia è illimitata. Allo stesso tempo anche la concorrenza è altissima.

Altre nicchie decisamente profittevoli sono la nicchia del dimagrimento e la nicchia degli incontri online.

Si tratta di nicchia provate e testate. Ci sono moltissime persone disposte a spendere per sapere come guadagnare online, come dimagrire o come trovare l'anima gemella.

Tuttavia, proprio perché la concorrenza è molto alta, dovrai essere disposto a spendere per raggiungere questo tipo di pubblico. Se decidi di servirti dei PPC (pay-per-click), visto che come abbiamo detto si basano sull'offerta, dovrai essere disposto ad offrire più dei tuoi concorrenti perché la tua inserzione venga visualizzata a sufficienza. Se invece decidi di provare ad ottenere traffico organico dovrai vedertela con i siti già ben posizionati nelle prime posizioni dei motori di ricerca.

Al contrario, se scegli di specializzarti in una micro-nicchia, allora è vero che avrai un pubblico più ristretto ma allo stesso tempo non dovrai competere con molte altre persone.

Qual è quindi la soluzione ideale? Generalmente la cosa migliore è iniziare in piccolo e man mano espandere la propria presenza online facendo crescere il proprio business in modo graduale.

Un'alternativa è quella di scegliere una sotto-nicchia; un argomento specifico di una macro-nicchia ad es. "dimagrire dopo i 50 anni".

E' importante fare delle considerazioni anche sull'intenzione di acquisto di un determinato pubblico ad es. è più probabile che le persone oltre i 50 siano più disposte a spendere rispetto ai ragazzi più giovani.

Perché chi realizza i prodotti offre una percentuale così alta agli affiliati?
A questo punto potresti chiederti perché la persona che realizza un prodotto digitale è disposta a pagare ad un affiliato fino al 75% di commissione. E' importante considerare il concetto di espansione. E' vero che per ogni vendita il creatore del prodotto trattiene solo il 25%, ma immagina cosa vorrebbe dire avere ad esempio 20 affiliati che vendono ognuno fino a 100 copie al giorno di un dato prodotto.

Chi realizza il prodotto guadagna comunque molto di più del singolo affiliato. Ma il concetto più importante è che il potenziale di guadagno è esponenzialmente più alto rispetto a quello che potrebbe essere vendendo il prodotto da solo, senza gli affiliati.

Più alta è la commissione e maggiore sarà la quantità di affiliati disposti a promuovere il prodotto e quindi maggiori sono le possibilità di guadagno per tutti (sia per chi crea il prodotto che per gli affiliati).

La tua strategia iniziale: non devi inventare l'acqua calda!

La cosa bella del mercato delle affiliazioni, e della possibilità di promuovere prodotti disponibili su network come Clickbank o Corsi.it, è che puoi iniziare a guadagnare delle commissioni senza dover creare nulla. Non c'è motivo, soprattutto agli inizi, di spendere tempo ed energia nella creazione di un prodotto da zero quando potresti cominciare a guadagnare subito con un prodotto già esistente e del quale puoi già sapere se converte bene.

Quando crei un prodotto tuo potresti dedicargli molto tempo ed energie e poi scoprire che non vende; con le affiliazioni invece puoi scegliere tra i prodotti che hanno maggior successo in termini di numero di vendite.

Quello dell'affiliato è davvero un business per il quale non devi creare nulla, devi solo portare traffico verso il tuo link. Sfortunatamente molti marketer alle prime armi non si rendono conto di questo fatto e vogliono inventare cose nuove e applicare le loro personali strategie per poi scoprire che hanno perso tempo, si sentono scoraggiati e sono portati a voler mollare tutto.

Se vuoi davvero iniziare a guadagnare comincia da ciò che sei già sicuro che funzionerà. Una volta che avrai fatto un po' di esperienza, una volta che avrai cominciato a guadagnare con regolarità, allora potrai dedicare del tempo alla creazione di un tuo prodotto e all'affermazione dell'immagine di un tuo brand online.

Espansione e crescita del business

Una volta che avrai trovato il prodotto che funziona e il modo di incrementare il traffico saprai qual è la strategia che funziona meglio per il tuo business e dovrai portarla avanti in modo da guadagnare sempre di più.

A questo punto le alternative per incrementare i guadagni sono due: puoi scegliere un altro prodotto in una determinata nicchia di mercato e anziché promuoverne uno solo ne promuovi due. Oppure puoi reinvestire i guadagni e offrire di più per i tuoi PPC e aumentare così il traffico e di conseguenza le vendite.

In sostanza il suggerimento che ti do è quello di creare dei modelli replicabili di mini-business. Monitora i risultati e le conversioni e, una volta che si dimostrano efficaci e profittevoli, replica e moltiplica la strategia per incrementare i guadagni.

Capitolo 5
I diversi canali di vendita

Naturalmente la Pagina di Vendita è solo uno dei canali attraverso cui puoi promuovere e vendere i prodotti. Un altro metodo ad esempio è quello di inserire il link all'interno degli articoli – magari con un banner – questo è un approccio più passivo.

Articoli del Blog

Quindi, se hai un blog ad esempio di cui ti servi per aumentare il tuo audience, e per dirigerlo verso la pagina di vendita, puoi usare gli stessi articoli del blog per vendere. Tutto ciò che devi fare è inserire il tuo link affiliato in modo pertinente e strategico all'interno del contenuto che pubblichi con i tuoi articoli.

Puoi anche scrivere un articolo tipo recensione in cui descrivi i vantaggi e i benefici del dato prodotto che hai scelto di promuovere. Inserisci un banner all'interno del testo e invita il lettore a cliccare per scoprire di più. Se il tuo lettore è interessato, se sei riuscito a trasmettere entusiasmo per il prodotto e ad incuriosire chi legge, sicuramente questa strategia genererà extra vendite.

Email Marketing

Un altro metodo che si presta molto bene all'attività dell'affiliato è l'email marketing. Quello che devi fare è creare una lista di iscritti, tramite il tuo blog, ed inviare loro delle email di contenuto e promozionali.

Naturalmente dovrai creare un blog ricco di contenuti interessanti ed offrire un omaggio agli utenti per invogliarli ad iscriversi. Pian piano avrai una lista di iscritti che ti seguiranno con interesse ed entusiasmo e che potrai contattare per informarli in merito alle tue offerte promozionali.

Per fare in modo che i tuoi iscritti siano sempre invogliati a seguirti, accertati di alternare le email di vendita con delle email in cui offri contenuti gratuiti utili sotto forma di articoli, consigli e suggerimenti, eBook, video, slide ecc.

Infine ti suggerisco di provare diverse strategie, sulla base della nicchia di mercato in cui operi e sul tipo di pubblico che ti segue, solo così riuscirai a trovare la strategia più efficace per il tuo business.

Influencer Marketing

Un altro modo per espandere la tua presenza online, e far crescere il tuo business, è collaborare con un *influencer marketer*. Una persona autorevole ed esperta nella tua nicchia di mercato disposta a partecipare ad un webinar, a rilasciarti un'intervista o ad avviare una collaborazione. Potresti anche offrirti per scrivere un post per il suo blog con un link che rimandi al tuo.

Un modo per entrare in contatto con un *influncer marketer* potrebbe essere quello di partecipare ad un loro evento dal vivo ad esempio.

Anche in questo caso è importante fare un passo alla volta, è inutile che tu contatti Tony Robbins se hai una lista di 100 persone o poco più. Contatta qualcuno che sia più esperto e più conosciuto di te, che sia appunto un *influencer*, ma procedi per gradi. Solo così puoi essere sicuro di poter instaurare un rapporto di collaborazione vantaggioso per entrambi.

Capitolo 6
Blog – Mailing List e Sale Page

Le strategie che abbiamo visto servono ad affermare la tua presenza online in modo più veloce. Sono delle tecniche che puoi adottare per far crescere il tuo business più velocemente.

Ti capiterà anche di dover passare da altre strade un pochino più lente tuttavia altrettanto utili ed efficaci. Alcune di queste sono la SEO (Search Engine Optimization), il social media marketing e il content marketing.

Il potere del Content Marketing

Per content marketing si intende la creazione di informazioni di valore da pubblicare sul tuo sito o blog (articoli, slide, suggerimenti, guide ecc). Lo scopo è quello di attrarre numerosi lettori e il contenuto è uno dei principali motivi per cui un sito o un blog viene seguito.

Allo stesso tempo il contenuto di qualità serve a dimostrare le tue conoscenze e la tua competenza in materia. Si tratta di un modo per fidelizzare i tuoi lettori ed acquisire autorevolezza. In questo modo quando proporrai dei prodotti in vendita il tuo pubblico sarà più propenso a scoprire di cosa si tratta e ad acquistare.

Il contenuto di qualità serve anche ad invogliare le persone ad iscriversi alla tua mailing list e gli altri marketer a collaborare con te.

Scrivi articoli corposi, ricchi di informazioni utili che i tuoi lettori possano mettere in pratica subito per ottenere dei risultati e offri sempre informazioni nuove e aggiornate. Non puoi aspettarti di avere un pubblico affiatato e disposto a seguirti se scrivi contenuti superati, noiosi e poco utili.

Oltre all'attività sul tuo blog, dovrai dedicare del tempo ai social media. Pubblica i tuoi contenuto anche sui principali social in modo da essere quanto più possibile visibile dal tuo target-audience.

PPC

Per quel che riguarda la pubblicità PPC (pay-per-click) le due piattaforme più importanti sono Google AdWords e Facebook.
Google Adwords ti permette di pubblicare la tua inserzione sulla base di specifiche chiavi di ricerca ed emergere così tra i primi posti della SERP (Search Engine Results Pages). Tramite Facebook invece puoi selezionare tu il tipo di pubblico al quale mostrare la tua inserzione.

Il vantaggio di queste due metodologie è che ti permettono di espandere la tua visibilità tra il pubblico interessato alla tua nicchia di mercato.

Dato che si tratta di pubblicità PPC, per cui paghi per ogni click, l'obiettivo non è quello di raggiungere quante più persone possibile ma di raggiungere solo quelle che potrebbero essere realmente interessate a ciò che proponi. Tramite Google AdWords puoi farlo targettizzando delle parole chiave che solo i tuoi potenziali clienti potrebbero cercare.

Quindi se vendi una guida su come avere gli addominali scolpiti ad esempio, potresti voler selezionare come chiave frasi tipo "come ottenere gli addominali scolpiti" ma se usi il filtro apposito di Google ed elimini tutte le ricerche che includono la parola "gratis", puoi ottenere risultati decisamente migliori. Potresti inserire il prezzo dell'eBook direttamente nella descrizione dell'inserzione in modo che solo le persone che hanno intenzione di spendere cliccheranno, riducendo così la tua spesa per l'inserzione ed incrementando i profitti.

Su Facebook puoi scegliere il tuo pubblico sulla base di numerosi dati demografici. Se ad esempio vendi un eBook sul wedding planning puoi fare in modo che la tua inserzione venga visualizzata solo da donne che sono fidanzate e in età da matrimonio, che hanno mostrato interesse in abiti da sposa, bomboniere e cose simili

Conclusione Affiliazioni

In questa parte dedicata alle Affliazioni hai scoperto tecniche e metodologie che potranno aiutarti ad avere successo come affiliate marketer.

Riassumiamo brevemente i punti principali da seguire:

Il mercato delle affiliazioni richiede tempo

Per poter avere successo nel mondo delle affiliazioni devi iniziare con le giuste intenzioni e aspettative plausibili. Per i primi tempi il tuo obiettivo dovrebbe essere quello di ottenere un'entrata extra. Non pensare di poter diventare milionario in un giorno.

Non inventare nulla…per il momento

Inizia con metodi e prodotti già provati e testati. Rendi il procedimento più semplice possibile. Scegli un prodotto digitale che genera ottime vendite e per il quale puoi usufruire di materiale promozionale già pronto.

Inizia con un piccolo business per poi farlo crescere

Se non hai abbastanza fondi da investire nei PPC allora inizia da una micro-nicchia, una nicchia di mercato che abbia poca concorrenza.

Dopodiché potrai reinvestire i soldi guadagnati ed espandere il tuo business nel tempo.

Pensa ai modi in cui vorrai promuovere il tuo prodotto

Scegli un prodotto avendo già in mente i metodi con i quali vorrai promuoverlo. Nella scelta del prodotto chiediti:

- Qual è il valore dell'offerta?
- Quali conoscenze hai già in merito?
- Si tratta di un pubblico facile da targettizzare?

Usa queste strategie, sii costante e presto ti troverai tra le mani un vero e proprio business che ti permetterà di guadagnare in modo "passivo".

Capitolo 7

Modello di Internet Business: **YouTube**

Introduzione

Quando si tratta di Digital Marketing, molto spesso il potenziale di YouTube è sottovalutato. YouTube tuttavia costituisce uno dei più importanti motori di ricerca del web ed è la piattaforma migliore per guadagnare soldi in automatico.

Quando si tratta di video l'utente resta incollato allo schermo. Ecco perché i video rappresentano uno strumento potente con il quale puoi trasmettere il tuo messaggio, per far conoscere il tuo brand, interagire con i potenziali iscritti e clienti che ti seguiranno e non vedranno l'ora di vedere i tuoi prossimi video.

YouTube è una piattaforma web appartenente a Google sulla quale puoi creare un canale per poter condividere i tuoi video.

Un altro aspetto interessante di YouTube riguarda la pubblicità. Attraverso il programma gestito da Google: YouTube Ads infatti, i creatori di video (tu) possono guadagnare attraverso le loro pubblicazioni (quando gli utenti guardano i video e cliccano sulle pubblicità che tu ospiti).

Se vuoi sapere come monetizzare il tuo canale, guarda questo video-tutorial:

https://www.youtube.com/watch?v=LIcAq7C93FM

Esistono infinite possibilità, strategie e tecniche che puoi adottare per sfruttare al massimo il potenziale di YouTube.

Come funziona

Quando pensi alla possibilità di poter aumentare I tuoi profitti grazie a YouTube, potresti considerare il fatto che esistono persone che sono diventate vere e proprie celebrità su YouTube. Persone che vengono pagate per sponsorizzare dei video o guadagnano vendendo prodotti alle immense legioni di fan che hanno generato.

Esistono persone che riescono a vivere una vita da sogno tramite il proprio canale YouTube, che riescono a guadagnare cifre gratificanti parlando di ciò che amano e a raggiungere un livello di fama e notorietà inimmaginabile.

Le opportunità che si creano sono davvero sorprendenti infatti si possono generare guadagni, non solo attraverso la vendita di prodotti, ma anche attraversi le video-ads, gli annunci, le affiliazioni e le promozioni di altri siti e canali.

Il personal brand funziona bene perché ti consente di farti conoscere dal pubblico su YouTube e se hai qualcosa di interessante o di utile da dire, e se sai comunicare in modo carismatico, allora hai la possibilità di creare un grande seguito.

Avere un canale video interessante e coinvolgente su YouTube significa avere delle probabilità che i tuoi video diventino "virali". I video virali vengono guardati e condivisi dagli utenti e vengono così diffusi nel web e visualizzati da centinaia e migliaia, se non milioni, di persone.

Iniziamo

Prima ancora di dare avvio al tuo canale YouTube devi pensare di sviluppare un brand. Magari hai già un tuo business e un tuo sito o blog quindi potresti già avere un tuo brand.

Definisci un genere e una programmazione per i tuoi video

Devi definire, in base all'obiettivo o agli obiettivi che vuoi raggiungere, qual è il genere di video che intendi realizzare. Ogni video dovrà essere finalizzato al raggiungimento di un dato risultato.

Alcune delle domande che dovrai porti prima di procedere con la realizzazione dei video sono le seguenti: Come devono essere strutturati i miei video? Ovvero: intendo parlare di fronte alla videocamera? Farò delle video-interviste? Oppure preferisco fare un video con delle slide? Oppure ancora un video con immagini? Intendo fare un video con sfondo verde e poi modificarlo successivamente? Quanto editing richiederanno i miei video?

Identificare le caratteristiche che dovrà avere il video è molto importante per capire quali elementi sono necessari per realizzarlo: il tempo che richiederà ed eventualmente se richiederà dei costi.

Questi elementi ti permettono di definire degli obiettivi realistici in merito alla produzione e alla programmazione dei video per il tuo canale. Una volta definiti i tempi e il budget necessari, valuta accuratamente cosa puoi riuscire a portare a termine e stabilisci degli obiettivi da raggiungere tramite i tuoi video e il canale di YouTube.

Il tuo piano d'azione

Se non hai molta esperienza di marketing online, allora dovrai cominciare a pensare a come generare dei guadagni dal tuo canale YouTube, a quali sono le strade da intraprendere per avviare con successo la tua attività per farla crescere nel tempo e affermare la tua presenza online.

Vuoi guadagnare grazie agli annunci? Oppure vuoi promuovere i prodotti e i servizi di terzi in affiliazione? Di quanti iscritti e di quante visualizzazioni hai bisogno per cominciare a guadagnare? E' meglio sviluppare un tuo prodotto da promuovere e che ti sia d'aiuto per fare branding e quindi accrescere la tua autorevolezza nella nicchia di mercato che hai scelto?

Elaborare il tuo piano d'azione significa che devi studiare in anticipo quali sono le strategie che vorrai adottare per far crescere il tuo canale ed incrementare le visualizzazioni dei video che andrai a realizzare.

Ecco cosa ci dice lo stesso Youtube per monetizzare le tue passioni:

https://creatoracademy.youtube.com/page/course/businessskills?ytref=all&hl=it

Pensa a quali sono gli argomenti che ti potrebbero permettere di ottenere molte visualizzazioni in poco tempo, chiediti cosa potrebbe cercare il tuo pubblico e che soluzione hai in mano che possa risolvere un loro problema in breve tempo. Fai una ricerca di parole chiave per le quali vuoi indicizzare i video, che siano relativamente facili e veloci da targettizzare. Dopodiché dovrai decidere come (e dove) promuovere i tuoi video e come fare a fidelizzare i tuoi visitatori e trasformali in fan e potenziali futuri clienti.

L'impronta del tuo canale

E' fondamentale pubblicare video che abbiano un'impronta seria e professionale. Questo servirà non solo ad avere maggiori probabilità che vengano visti, commentati e condivisi ma anche ad accrescere e affermare la tua immagine online.

Se hai intenzione di creare un Vlog o di pubblicare molti video, con costanza e regolarità, sul tuo canale YouTube allora molto probabilmente ti servirà una videocamera di qualità, un software di editing e un po' di pratica per la composizione dei video stessi.

I video possono essere di vario tipo. Puoi esserci tu di fronte alla telecamera che parli e spieghi qualcosa oppure puoi creare dei video slide ma non solo. Esistono dei programmi che ti permettono di realizzare video in versione cartoon, dei video animati con l'audio che spiega i contenuti.

Puoi anche fare dei video-tutorial in cui condividi lo schermo per mostrare il funzionamento di qualche programma ad esempio. Altri video sono creati usando un mix di tutti questi elementi.

Una cosa fondamentale è l'audio. Un errore che molti commettono è quello di registrare i video in camere ampie con una scarsa acustica, rumori di sottofondo e l'eco della voce di chi parla. Un video realizzato in questo modo non può essere considerato professionale quanto piuttosto amatoriale.

E' difficile che un video con un audio di scarsa qualità venga condiviso e che diventi "virale".

Quindi, non commettere questo errore e assicurati di poter usare un microfono esterno o quanto meno devi essere in un luogo che non abbia un'acustica pessima con rumori di sottofondo.

La preparazione è una parte essenziale per la buona riuscita di un video. La fase preparatoria riguarda lo script (ovvero il testo del video) e lo storyboard.

Potresti anche voler realizzare dei video più spontanei di tanto in tanto e in questo caso probabilmente si tratterà di mini-video in cui sarà sufficiente che parli davanti alla fotocamera. La maggior parte delle volte però ti consiglio di fare dei video studiati e preparati con attenzione in anticipo.

L'obiettivo è quello di creare video che siano si professionali ma soprattutto coinvolgenti e dinamici, in grado di tenere i visitatori incollati allo schermo.

Presta anche attenzione ad altri elementi come la luce e lo sfondo dei tuoi video. Un'ottima soluzione per rendere i tuoi video ancora più professionali è quella di inserire il tuo logo in un punto sullo sfondo del video o in qualche angolo dello schermo.

Una volta registrato il video dovrai dedicare un po' di tempo alla post-produzione e all'editing. Questa è la fase in cui farai un "taglia e cuci" di tutti i filmati per creare qualcosa di unico ed eccellente.

Per la post produzione dei tuoi video dovrai utilizzare degli appositi software di editing.

Le opzioni non mancano, alcune sono più economiche altre un po' più dispendiose. Io che ho un Mac mi avvalgo di ScreenFlow che è molto semplice ed intuitivo, inoltre possiede molte transazioni carine tra un taglio e l'altro. Per Windows invece uso direttamente Camtasia.

Altri software sono Adobe Premier e After Effects, entrambi disponibili come parte del pacchetto Adobe Creative Cloud. Mentre il primo viene utilizzato per tagliare e riassemblare i filmati, il secondo è usato per la creazione di effetti speciali che possono rendere il tuo video davvero unico.

Come impostare un video

Se vuoi attirare l'attenzione sui tuoi video dovrai realizzarli seguendo alcune regole precise e adottando altri fattori chiave.

Utilità e valore

Se vuoi che il tuo video generi molte visualizzazioni, e se vuoi ottenere molti "mi piace", allora devi assicurarti che i video che realizzi siano interessanti per la tua nicchia di mercato, che siano utili e di valore.

Titolo

Il segreto per un titolo di successo è l'originalità. Il titolo deve necessariamente avere un nesso con il contenuto trattato nel video ed è qualcosa su cui devi lavorare con impegno se intendi realizzare un Vlog o una serie di video.

Il fatto è che su YouTube si trova ogni genere di video e i visitatori non hanno che l'imbarazzo della scelta per scegliere cosa guardare su praticamente ogni argomento possibile.

Guarda i video dei tuoi concorrenti o di altri *vlogger* di successo, leggi i loro titoli e pensa ad un titolo nuovo per i tuoi video. Il titolo deve generare curiosità oppure comunicare un vantaggio in modo che il visitatore sia motivato a guardarlo.

Come ottenere tanti "mi piace"

Un modo per ottenere più *like* e maggiori iscritti al canale è quello di chiederlo esplicitamente alla fine del video, come *call to action* finale: "*se ti è piaciuto questo video clicca mi piace*", oppure "*per non perdere le prossime novità iscriviti al canale*".

E' sorprendente quanto una tecnica apparentemente così facile sia efficace. In alternativa puoi usare un pop-up che ricordi alle persone di iscriversi o di cliccare su "*mi piace*".

Impostazioni del canale e tecniche di successo

Il tuo canale YouTube è raggiungibile tramite un URL unico in cui i tuoi fan potranno vedere tutte le tue pubblicazioni, conoscere la tua attività ed essere aggiornati in merito alle novità che ti riguardano.

Le impostazioni predefinite del canale sono piuttosto basiche ed è quindi importante personalizzarle, ottimizzare il tuo canale in modo da ricevere quanto più traffico possibile e incrementare costantemente il numero di iscritti.

Immagine di copertina e foto del profilo

L'immagine del profilo deve essere possibilmente una tua foto. Una foto professionale e neutra in cui il pubblico possa riconoscerti.

Con l'immagine di copertina puoi sbizzarrirti un po' di più. Funziona esattamente come l'immagine nella tua pagina di Facebook, quindi sarà un'immagine fissa che occuperà tutto lo spazio in alto. Ti suggerisco di inserire in questa sezione un'immagine identificativa del tuo business, un logo o un'altra immagine che possa essere immediatamente associata alla tua attività.

Compila in modo quanto più dettagliato possibile la sezione dedicata alle tue informazioni: presentati brevemente, spiega qual è la *mission* della tua azienda e in che cosa ti distingui dagli altri.

Playlists

Una funzione interessante del tuo canale è la possibilità di creare delle Playlist. Questo è un metodo per dare maggior risalto e importanza ai tuoi contenuti.

Se ad esempio hai pubblicato 50 video, nessuno saprà da che parte cominciare quindi, presentare i tuoi video secondo un ordine stabilito dalle playlist è un metodo per guidare il visitatore e presentare i tuoi contenuti secondo un ordine prestabilito.

Trailer del canale

YouTube ti permette di creare un trailer per il tuo canale. Un trailer è un breve clip in cui puoi mostrare ciò che è più significativo ed esplicativo per il tuo business. Consideralo come un breve annuncio che ti serve per invogliare i visitatori a guardare i tuoi contenuti e a seguirti su YouTube e ricorda che dovrà essere molto breve e avere sempre la call to action finale.

Ecco qui un video-tutorial che ti spiega come farne uno:
https://www.youtube.com/watch?v=cBUg_okWoG4

Come verificare il proprio account per poter avere la possibilità di accedere a determinate funzionalità avanzate disponibili solo per chi verifica il proprio account.

Per verificare il tuo canale accedi alla home page del tuo canale e clicca sulle impostazioni del canale; dopodiché su "impostazioni avanzate"; nella schermata successiva clicca sul tasto blu "verifica"; seleziona il paese in cui ti trovi; dopodiché la verifica dell'account avviene tramite una delle seguenti opzioni a tua scelta:

- chiamata con messaggio vocale automatico
- codice di verifica via sms

Una volta che ricevi la chiamata o il codice inseriscilo nello spazio e clicca su "submit". Una volta verificato l'account, il tuo canale diventa idoneo a molte funzioni tra cui:

- monetizzazione (ovvero guadagnare diventando partner youtube)
- video di durata superiore a 15 minuti
- annotazioni esterne (questa funzione ti consente di collegare le annotazioni a siti esterni o a partner)
- miniature personalizzate (ti consente di utilizzare le miniature personalizzate per i tuoi video)

- iscrizioni a pagamento (per attivare la funzione iscrizioni a pagamento devi attivare la monetizzazione)
- eventi dal vivo (ti consente di trasmetter un evento in streaming dal vivo)
- link diretti al tuo sito web

Come aggiungere un sito web associato al tuo canale youtube
Accedi alle impostazioni avanzate del tuo canale (vedi passaggio precedente).

Nella sezione "sito web associato" inserisci il link al sito web che vuoi associare. Dopodiché dovrai verificare di esserne il proprietario. Il metodo più semplice è quello di accedere al centro webmaster di google e scaricare un semplice file che dovrai poi aggiungere al tuo server tramite filezilla o un qualsiasi programma ftp. Al termine di questa procedura non ti resterà che cliccare su "verifica" e il tuo sito web sarà associato.

Come inserire banner colorati con annotazioni e call to action, con link esterno al sito, direttamente sul video di youtube

Il passaggio successivo sarà quello di inserire una call to action o un'annotazione direttamente sul video. Clicca su un video che hai già pubblicato, e sul quale vuoi aggiungere l'annotazione, e vai su "modifica". Clicca su "annotazioni"; dopodiché clicca su "aggiungi un'annotazione in alto a destra"; a questo punto puoi scegliere tra:

- fumetto

- nota

- titolo

- video del momento

- etichetta

Scrivi il testo che desideri inserire nell'annotazione (il testo della tua cta) nella sezione a destra "area in evidenza". Spunta la casella in basso "inserisci link". Di fianco alla voce "inserisci link", nel menù a tendina, seleziona "sito web associato" e nello spazio apposito inserisci il link del sito web che hai associato. Infine clicca sul tasto blu in alto a destra "applica modifiche".

Canali correlati

Sul tuo canale puoi indicare quali sono i canali che segui, quelli che reputi interessanti e con i quali vuoi essere in qualche modo collegato. Si tratta anche di un metodo per comunicare a YouTube in quale nicchia di mercato operi ma non solo, può servirti per entrare in contatto con altri vlogger con cui un domani potresti anche organizzare delle joint-venture.

Capitolo 8

Tecniche SEO per ottimizzare i tuoi video

SEO sta per search engine optimization e ottimizzare i contenuti in chiave SEO significa fare in modo che siano ben visti dai motori di ricerca come Google.

Se i tuoi contenuti sono Google friendly sono più facilmente visibili dagli utenti. Sia su Google che su YouTube la maggior parte delle persone cerca i contenuti digitando delle parole nel motore di ricerca.

Il motore di ricerca di YouTube è studiato da Google, funziona praticamente allo stesso modo ed è il secondo motore di ricerca più usato nel web per numero di richieste, o chiavi di ricerca, che riceve ogni giorno.

A questo punto ti chiederai come creare contenuti che siano Google/YouTube friendly. La prima cosa da fare è scegliere degli argomenti, all'interno della tua nicchia di mercato, che siano ricercati e quindi interessanti e richiesti dal pubblico.

Una volta che avrai selezionato gli argomenti dovrai fare una ricerca di mercato per analizzare quanto materiale è già presente su YouTube in merito, quali sono i video pubblicati dalla concorrenza, e di conseguenza pensare a come posizionarti in modo unico ed originale.

Il caso ideale è quello in cui tratti un argomento molto ricercato e interessante ma che non è ancora trattato a dovere su YouTube. Se riesci a rientrare in questo caso ideale significa che hai trovato la classica "pepita d'oro" e il successo e pressoché garantito.

Molto più probabilmente avrai dei concorrenti e quindi il successo sarà determinato, in gran parte, anche dalle parole chiave che scegli. Le parole chiave principali e le parole chiave correlate servono per comunicare a Google o a YouTube di cosa trattano i tuoi contenuti in modo che possano essere resi visibili a chi ricerca quelle determinate parole.

Ti suggerisco quindi scegliere con cura alcune parole chiave principali e correlate da usare per i titoli e le descrizioni dei tuoi video.

Attenzione però a non "spammare" le tue parole chiave, ovvero non farne un uso smoderato e soprattutto usale in un contesto pertinente e non forzatamente all'interno dei testi che scrivi.

Usare le parole chiave in modo strategico serve a rafforzare l'argomento trattato nei tuoi video e al tempo stesso a creare una connessione tra i vari video pubblicati nella tua nicchia di mercato e potenzialmente per aiutarti a comparire nella sezione contenuti suggeriti.

Un consiglio che vorrei darti è quello di fare una ricerca e guardare quali sono i titoli e le parole chiave dei migliori video, i video più cliccati e diffusi, pubblicati nel tuo settore.

Un elemento di cui YouTube tiene particolarmente conto è il tempo.

YouTube usa, tra gli altri parametri, anche quello del tempo per determinare se un video piace al pubblico oppure no. Il che significa che se una persona clicca e guarda il tuo video solo per 3 secondi, YouTube percepisce che il video non piace particolarmente.

Per ovviare ti suggerisco intanto di fare video interessanti ovviamente ma soprattutto brevi. Piuttosto che un video lungo ti suggerisco di suddividere i contenuti in I parte e II parte ad esempio e realizzare due video brevi, o tre o quattro o un'intera serie di mini-video.

Un altro elemento che incrementa la visibilità dei video sono i commenti. Dai l'avvio a discussioni interessanti sui tuoi video invitando i tuoi fan a lasciare un commento e rispondendo sempre ai commenti che ricevi.

Capitolo 9

Collaborazioni

Crea delle JV con altri YouTubers

Abbiamo già menzionato come avere dei canali correlati ti permetta di entrare in contatto con altri YouTubers o Vloggers nella tua nicchia di mercato.

Questa è una strategia utile che può far nascere profittevoli collaborazioni e darti l'opportunità di conoscere i maggiori Influencer Marketer nella tua nicchia di mercato. Collaborare con gli Influencer della tua nicchia è un ottimo modo per incrementare la tua popolarità; potresti ad esempio fare delle interviste e pubblicarle sul tuo canale; oppure creare dei video complementari in collaborazione con altri marketer e fare cross-promotion.

Non avere paura di contattare le persone, è un ottimo modo per incrementare i follower e per far conoscere il tuo brand!

Programma la pubblicazione dei video

La programmazione è fondamentale per pubblicare con continuità e regolarità. Seguendo una programmazione continuativa il tuo canale sarà molto più seguito dagli utenti e i tuoi video verranno indicizzati maggiormente.

Fornire sempre nuovi contenuti è un'ottima strategia per far si che i tuoi fan ritornino spesso sul tuo canale per vedere le novità. L'obiettivo è fare in modo che attraverso i tuoi video, chi ti segue percepisca il valore dei tuoi contenuti, aumentando così la tua popolarità e la tua fama come esperto di quella nicchia.

In quest'ultima parte ricapitoliamo brevemente, sulla base di quanto detto fin qui, quali sono le principali cose da fare e le cose da evitare quando si tratta di YouTube marketing.

Cose da Fare

• Tieni presente che il potenziale di YouTube può essere usato a tuo favore per far conoscere il tuo brand.
• Pubblica i tuoi video regolarmente seguendo un filone narrativo coerente e continuativo per coinvolgere maggiormente i tuoi fan.
• Programma i tuoi video in modo da avere un obiettivo ben chiaro per ogni futura pubblicazione.
• Investi per realizzare video di qualità.
• Ottimizza i tuoi video in chiave SEO, utilizzando le parole chiave.
• Condividi i tuoi video, nei siti suggeriti, in modo che siano quanto più possibile diffusi nel web.

• Compila il tuo profilo in modo dettagliato e compila la parte descrittiva di ogni tuo video.

• Includi sempre una Call To Action in ogni tuo video.

• Cerca altri YouTuber e Vlogger con i quali collaborare.

• Analizza sempre l'andamento dei tuoi video.

Cose da Non Fare

• Non usare i video per fare vendita diretta.

• Non pubblicare video che non abbiano un aspetto professionale: il che include l'audio, la luce, il background, l'abbigliamento di chi parla.

• Non fare dei video in cui parli davanti alla video-camera se ti senti troppo impacciato.

• Se inserisci una musica di sottofondo il volume non deve essere alto.

• Non inserire una musica di sottofondo coperta da copyright.

• Non pubblicare video che non siano interessanti e coinvolgenti per il tuo pubblico.

• Non pubblicare video eccessivamente lunghi.

• Non lasciare il tuo canale YouTube in "stato abbandonato".